清末民初白话报刊异形词汇考

马雅琦 著

吉林大学出版社
·长春·

图书在版编目（CIP）数据

清末民初白话报刊异形词汇考 / 马雅琦著 . -- 长春：吉林大学出版社 , 2023.3

ISBN 978-7-5768-1498-9

Ⅰ . ①清… Ⅱ . ①马… Ⅲ . ①汉语 – 同义词 – 研究 – 近代 Ⅳ . ① H136.2

中国国家版本馆 CIP 数据核字 (2023) 第 041838 号

清末民初白话报刊异形词汇考
QINGMO MINCHU BAIHUA BAOKAN YIXINGCI HUIKAO

作　　者	马雅琦
策划编辑	邵宇彤
责任编辑	蔡玉奎
责任校对	田　娜
装帧设计	闵平方
出版发行	吉林大学出版社
社　　址	长春市人民大街 4059 号
邮政编码	130021
发行电话	0431-89580028/29/21
网　　址	http://www.jlup.com.cn
电子邮箱	jdcbs@jlu.edu.cn
印　　刷	定州启航印刷有限公司
开　　本	710mm×1000mm　1/16
印　　张	11.25
字　　数	213 千字
版　　次	2023 年 3 月第 1 版
印　　次	2023 年 5 月第 1 次
书　　号	ISBN 978-7-5768-1498-9
定　　价	74.50 元

版权所有　翻印必究

前　言

清末民初是汉语发展历史上的重要一段，它既是近代汉语向现代汉语的过渡阶段，也是现代汉语的前发展阶段。[①]然而清末民初的汉语词汇研究是整个汉语史研究链条中的薄弱环节，主要原因在于这一时期汉语研究的语料建设工作十分滞后。刁晏斌指出："此期语料的复杂程度和陌生化程度远高于汉语研究的任何一个阶段。"清末民初的研究语料有很多，比如报刊语料、翻译文本、游记及考察记录、文学作品、各类时文等。但是，与其他传世文献不同，这一时期各种语料在流传方面并不是很广，除非专门的研究者，一般读者见到这些语料的机会并不是太多。其中有一独特性的语料为"报刊语料"，中国近代报业始于此时，有文言报纸，也有白话报纸，"其中最值得关注和充分利用的是后者，它的数量众多，有人根据《中国近代报刊名录》并综合别的几种材料统计，晚清白话文报刊达到了229种"[②]，根据王彪的统计，"整个清末民初白话类的报、刊（还不包括白话书籍），总数就在600来种"[③]。然而无论是文言报刊，还是白话报刊，纸质文本只能在国内各大图书馆或数据库中有偿查阅，十分不便。因此加强清末民初语料库建设，加大清末民初词汇研究显得尤为重要。

清末民初白话报刊是研究白话汉语质量优良的语料。徐时仪曾指出："在汉语白话发展史上纯粹的白话文献不多，我们所说的古白话作品往往文白交杂，既有文言的成分，又有口语的成分"[④]。清末民初白话报刊则是白话文献，真正达到了"言文一致"，以《中国白话报》1903年第1期第7页《人种》中的一小段文字为例，如：

我们生在当今，若把前头祖宗的事情都忘记了，岂不笑话？祖父是亲眼见过的，曾祖就不大见过了，到了高祖更不晓得他到底是什么面孔哩，但是曾

[①] 刁晏斌. 试论清末民初语言的研究 [J]. 励耘学刊（语言卷），2008（2）：218-232.
[②] 同上
[③] 胡全章. 清末民初白话报刊研究 [M]. 北京：中国社会科学出版社，2011：5.
[④] 徐时仪. 汉语白话发展史 [M]. 北京：北京大学出版社，2007：29.

祖、高祖虽然没有见过，还听见说他做人是怎么样的，倘然比高祖再远上去，那就一些不懂了，连打听都打听不出来了，照这样看起来，我们祖宗既不是从土缝里钻出来，又不是从天上<u>吊下</u>的，那元始祖宗到底是<u>那一个</u>呢？我们<u>到要</u>查一查，免得别人家说我们忘了本哩！①

再以《安徽俗话报》1904年第10期第3-4页的一小段文字为例，如：

本国四千年来祖传的金银财宝，你一处，我一家，私下里送了外人，这一班<u>忘八羔子</u>，在外国<u>到算</u>是些忠臣孝子，在中国<u>岂不是</u>个大大卖国的汉奸<u>么</u>？我中国矿产虽多，也挡不住这班汉奸们送掉起来，实在是<u>快得狠</u>，大家这样纷纷乱送，也不用洋人带兵来瓜分，好一片锦绣江山，便<u>自然自在的到</u>了他的荷包里了。

就语言风格而言，上述两段文字朗朗上口，可见清末民初白话报刊词汇具有通俗化、口语化的特点。但其用字习惯也很有特点，与现代汉语有很大差异，如《中国白话报》的"从天上吊下的""到底是那一个呢""到要查一查"，《安徽白话报》的"忘八羔子""到算是""岂不是……么""快得狠""自然而然的到"，查检清末民初白话报刊的其他材料，发现同时期动词"掉"也可以写作"吊"，疑问代词"哪"也可以写作"那"，詈词"王八羔子"也可以写作"忘八羔子"，副词"倒"也可以写作"到"，语气词"吗"也可以写作"么"，程度副词"很"也可以写作"狠"，助词"地"也可以写作"的"，相对应的两个词形是并存并用的，且使用频率都很高，可见这绝对不是偶见的错别字，而是一种"一词多形"现象。这仅是其中两小段文字，共290字，就有这么多异形词，且副词"很"、代词"哪"、副词"倒"、语气词"吗"、助词"地"等均为基本词汇，使用频率很高，它们的形体不定最能说明问题，这足以说明"一词多形"现象已经渗透到清末民初词汇的方方面面。

清末民初这种"一词多形"现象十分普遍，刁晏斌："汉语词汇中，有所谓'等义词'，即词汇意义、语法意义和色彩意义都相同的词，如果着眼于词形的不同，其中音同、义同、形不同的部分又被称为'异形词'或'异形等义词'。古代汉语中，等义词为数众多，而在清末民初至'五四时期'，等义词相当多见。"②"异形词"这一术语产生于现代汉语，殷焕先《谈词语书面形式的规范》首先关注到这一现象，至于其具体内涵，学术界界定不尽相同，我们

---

① 白话报刊原文没有标点，大部分是句子或分句间空一格，为了方便读者阅读，本书例句均加上了标点，特此说明。

② 刁晏斌.当代汉语词汇中的"返祖"现象[J].南京师范大学文学院学报，2006（2）：171-176.

综合各大家的意见，将异形词定义为：异形词是指记录同一个词，同音（包括古音、方音相同），同义（理性意义、色彩意义和语法意义均相同），而书写形式不同的一对或一组词语，它们在具体语境中可相互替换。

异形词问题是一个历史问题，各个时期都存在异形词，各个时期的异形词面貌各不相同，如在清末民初，"的—地""他—它"是异形词，但随着"的""地"与"他""它"的语法分工，现代汉语中进行了分化处理，已经不是异形词了。很多现代汉语异形词都是从上古、中古、近代汉语中承继而来，清末民初处于近代汉语向现代汉语过渡时期，现代汉语异形词在此期间诞生，研究这一时期异形词面貌，可以为异形词的发展演变提供线索，可以为现代汉语异形词的整理规范提供指导。清末民初白话报刊众多，我们主要选取了十种白话报刊为研究语料，《杭州白话报》，出版于浙江杭州，语料年份为1901—1903，共67万字；《大公报》，出版于天津，语料年份为1902—1919，共71万字；《绣像小说》，出版于上海，语料年份为1903—1906，共229万字；《中国白话报》，出版于上海，语料年份为1903—1915，共67.5万字；《安徽俗话报》，出版于安徽芜湖，语料年份为1904—1905，共36万字；《京话日报》，出版于北京，语料年份为1904—1918，共294万字；《申报》，出版于上海，语料年份为1905—1916，共131万字；《竞业旬报》，出版于上海，语料年份为1906—1909，共74.7万字；《安徽白话报》，出版于安徽安庆，语料年份为1908—1909，共30万字；《小说画报》，出版于上海，出版年份为1917—1919，共133万字。除了这些主要语料外，另选用了《新小说》《敝帚千金》《白话》《第一晋语话报》《北洋官报》等部分白话报刊，利用这些语料，我们试图找出清末民初异形词，并对其展开解释。通过对清末民初白话报刊异形词的整理与研究，我们的目的在于使读者了解清末民初的语言面貌，为清末民初词汇研究添砖加瓦，为现代汉语异形词研究提供新的思路。

本书以清末民初白话报刊异形词为研究对象，对异形词进行了简要解释，并佐以例证列举。全书共收录异形词401组，每组异形词我们都列举相对应的清末民初白话报刊为证，并辅以简要解释，由于清末民初白话报刊有相当一部分并非"报"，而是"刊"。因此，异形词所引例句的出处格式可能不尽相同，对此，有必要对可能出现的情况作出一些说明，主要有两种情况：

（1）白话报"刊"的出处格式是：刊名+年份+（期数）+页码，如：

到了一日，唐天子太宗皇帝下诏，颁师回朝，将军出今起营，浩浩荡荡，一路凯歌，向长安来。[安徽俗话报1904（8）27]

这里的"安徽俗话报1904（8）27"表示该例句出自《安徽俗话报》1904

年第 8 期第 27 页。

有时，所引句子处于两页的位置，就会出现跨页现象，如：

你不守学规，我教不得你，另请高明罢！说完，就叫家人捆铺盖要走。[绣像小说 1904（23）131-132]

这里的"绣像小说 1904（23）131-132"表示该例句出自《绣像小说》1904 年第 23 期第 131-132 页。

有时，括号里的期数是两个数字时，表示是两期或两期以上的合期，如：

勿论精神与形式，学堂匾额重新设。讲堂斋舍修复修，学生不来尽由他。我到上头回复去，归来妻子团团坐。[中国白话报 1904（21-24）113]

这里的"中国白话报 1904（21-24）113"表示该例句出自《中国白话报》1904 年第 21-24 的合期第 113 页。

须知道欺负我门工人的，只有在美国本地的工人，与在中国的美国人不相干，与在中国的别国洋人更是不相干。[安徽俗话报 1905（21、22）13]

这里的"安徽俗话报 1905（21、22）13"表示该例句出自《安徽俗话报》1905 年第 21 和第 22 的合期第 13 页。

有时，除了期数外，还有卷数，这时的格式是：刊名＋年份＋第 N 卷＋（期数）＋页码，如：

嘆啡的性子，能够止痛安神，但是常久吃他，便要上瘾，有害身体。[杭州白话报 1902 第二卷（9）11]

这里的"杭州白话报 1902 第二卷（9）11"表示该例句出自《杭州白话报》1902 年第二卷第 9 期第 11 页。

（2）白话报的出处格式是：报名＋年份.月份.日期—版次，如：

东西各国，最重教育，以为是一个人，都应该有学问的，就是没有眼的瞎子，不会说话的哑吧，也都得想法教他。[京话日报 1904.09.19-3]

这里的"京话日报 1904.09.19-3"表示该例句出自《京话日报》1904 年 9 月 19 日第 3 版，为了统一，我们把月日按双数填写，如果是个位数，则用 0 补齐。

马雅琦

2022 年 6 月于山东师范大学

目 录

第一章 清末民初单音节异形词汇考 ··· 1
  第一节 单音节动词、形容词 ··· 1
  第二节 单音节名词、代词 ··· 4
  第三节 单音节副词、助词 ··· 7
  第四节 单音节介词、语气词 ··· 9
  第五节 单音节数词、量词 ··· 12

第二章 清末民初双音节异形词汇考 ··· 15
  第一节 单纯式异形词 ··· 15
  第二节 复合式异形词 ··· 30
  第三节 重叠式、附加式异形词 ··· 109
  第四节 结构类型不同的异形词 ··· 119

第三章 清末民初多音节异形词汇考 ··· 125
  第一节 三音节异形词 ··· 125
  第二节 四音节异形词 ··· 134

第四章 清末民初系列异形词汇考 ··· 143
  第一节 单向异形词 ··· 143
  第二节 双向异形词 ··· 149

结　语 ··· 155

参考文献 ··· 157

附录　清末民初白话报刊异形词索引 ················· 163

第一章　清末民初单音节异形词汇考

清末民初单音节异形词众多，很大原因在于清末民初的双音化程度并不高，单音、双音、多音形式共存，"汉语词的双音化，在这个时期受到翻译的影响，本来大大加快了，多音化的倾向也十分明显了。但是一方面由于一些词正处于凝定的过程中，结构还不十分固定；另一方面由于'文言'的作怪，任何词都可以根据所谓'文气'和句子的排偶等等，被人随意拆减。于是造成词的音节极不固定的现象。"①赵晖截取了《杭州白话报》一万字语料（1 732个词语），对语料进行穷尽式统计，发现单音节词750个，双音节词934个，多音节词48个，单音节词占总比例的43%，双音节词占总比例的54%，二者占词汇总数的绝大多数，且数量上差距不大，多音节词仅占总比例的3%。②由此可见，在清末民初，单音词在整个词汇系统中比重很大，因此，单音节异形词研究也是很有必要的。我们以词类为单位，对清末民初单音节异形词展开研究。单音节异形词共计30个，占清末民初异形词总数的7%。

第一节　单音节动词、形容词

在清末民初单音节异形词中，以"动词"数量最多，所谓动词，是指人或事物的动作、行为，清末民初单音节动词共计6组，"掉—吊、捡—拣、拣—捡、撘—撩、坐—座、提—题"，所谓形容词，是指表示事物的形状、性质和状态等的词，清末民初单音节形容词共计2组，"狠—很、慢—漫"，为节约篇幅，我们列举几例如下：

【掉—吊】

（a）我听他这些话，我就同冷水浇背一般，不觉的眼水掉下来了。[安徽

---

① 北京师范大学中文系汉语教研组.五四以来汉语书面语言的变迁和发展[M].北京：商务印书馆，1959：90.

② 赵晖.清末民初白话词汇双音化研究——以五十种白话报刊为中心[D].山东师范大学博士学位论文，2022：29.

白话报 1909（1）7]

（b）昨天担着挑子，路过愿红八旗小学堂正赶上散堂的时候，他看见那班小学生们，规规矩矩，很是可爱，不由的吊下泪来。[京话日报 1905.12.03-4]

按：清末民初，"掉"与"吊"为异形词，表示"落下"，"掉"的本义是摇动，摆动。《说文·手部》："掉，摇也。"宋元时期，"掉"便引申出"落下，丢失"义，如《快嘴李翠莲记》："收好些，休嚷乱，掉下了时休埋怨！"元·纪君祥《赵氏孤儿》第三折："是那一个实丕丕将着粗棍敲，打的来痛杀杀精皮掉。""掉"，写作"吊"，属于同音借用。

【捡—拣】

（a）当时我在那石面上捡了一根粗巨的藤萝，用足趾紧紧的夹着。[申报 1914.05.10-14]

（b）不料遇着张先生，给他个当面下不去，就骂家人道："狗才，还不快拣起来。"那张先生的脸儿，红的同关公一般。[绣像小说 1904（24）139]

按：清末民初，"捡"与"拣"为异形词，可以表示拾取义，本字当为"捡"，《说文·手部》："捡，拱也。"段注："凡敛手宜作此字。"读作 liǎn，拾取物必收敛手，遂又引申为拾取义，读作 jiǎn，《中国地方戏曲集成·粤剧·搜书院》："小生曾把风筝捡，物归原主理当然。""捡"写作"拣"属于同音借用。

【拣—捡】

（a）到今朝，若要拣一个身材魁梧、相貌端正、精神充足、神清气爽的人，恐怕一百个人里面，竟拣不出一个来。[杭州白话报 1903（13）29]

（b）因为一时请不着主笔，便在原先几位主笔当中，捡了一位性情和顺的，仍旧请他一面先做起主笔来。[绣像小说 1904（40）225]

按：清末民初，"拣"与"捡"为异形词，可以表示挑选义，本字当为"柬"，《说文·束部》："柬，分别简之也。"《荀子·修身》："安燕而血气不惰，柬理也。"杨倞注："柬与简同，言柬择其事理所宜。"后来"柬"专用于表示信札、名帖义，挑选义另加义符"扌"写作"拣"，"拣"同"捡"，又可以表示拾取义，由于"捡"与"拣"使用比较混乱，1977年《异体字整理表（征求意见稿）》把"捡—拣"看作异体字，而1979年《现代汉语词典》（第1版）"捡""拣"分开收录，"拣"下只有"挑选"义，"捡"下只有拾取义，1988年《现代汉语通用字表》把"捡、拣"看作两个规范字，这显然是运用了"分化法"，即让一组异体字分别承担某个（或几个）含义或读音，而不舍弃其中的某一个字。①

【撂—撩】

（a）娘姨笑道："早走了，是赵爷的车夫送来的，撂下东西也没有坐就走了。"[小说画报 1918（13）148]

（b）随手除了手上象皮套，脱了身上呢雪衣，望傍边靠椅上一撩，那主人连忙招呼他。[申报 1908.01.26-18]

按：清末民初，"撂"和"撩"均可表示"丢、扔"义，"撩"的本义为整理，《说文·手部》："撩，理也。从手，寮声。"《玉篇·手部》："撩，手取物，又撩理。"由于"撩"从"尞"得声，"尞"表示焚烧，因此，引申出"丢、扔"之义。如唐·玄应《一切经音义》卷四："撩掷，谓相撩掷也。""撂"为"撩"的换旁俗字，出现时代较晚，最早见于清代带有北京方言背景的文献中，义同"搁"，如《红楼梦》第十六回："我的东西还没处撂呢，希罕你们鬼鬼祟祟的。"《儿女英雄传》第十回："因先捡了一包碎的，约略不足百两，撂在一边。"由于"撩"词义负担较重，可以表示"整理、料理""缠绕、纷乱""摘取、捞取""挑逗、招惹"等多个意义，因此"丢、扔"义由"撂"承担。

【坐—座】

（a）我就在他面前慢慢的走了几步，叫他们知道我并没有逃走得意思，他们见我这样，就都坐了下来。[绣像小说 1903（15）32]

（b）等到天晚，厅上摆起酒来，我们也是客客气气的彼此让了座位座下来漫漫的吃酒。[中国白话报 1903（1）1]

按：清末民初，"坐—座"为异形词，表示以臀部着物而止息。"座"与"坐"同源，早在唐代，该义便可写作"座"，如唐·戎昱《冬夜怀归》诗："座到三更尽，归仍万里赊。"现代汉语中，"坐"与"座"区别明显，"坐"只用作动词，表示一个具体的动作，而"座"则用作名词和量词。

【提—题】

（a）洋人冷笑一声说道："不用提了，中国的官，我实在不敢恭维。软弱无能的，就知道吃饭，精明强干的，钻门子谋道路，专想升官发财。"[京话日报 1906.08.03-4]

（b）在这些小事上你们常是这模，顾目前不顾久后，顾自己不顾大家，为大事更不用题了，所以常有人说，够吃够穿，就算享福，管国家作什么。[大公报 1915.08.05-6]

---

① 高更生. 谈异体词整理[J]. 语文建设, 1991（1）: 22-27.

按：清末民初，"提"与"题"为异形词，"提"的本义为提着、拎着，由向上提引申为指出、举出，又引申为说起、提起。《西游记》第十五回："他倚着有些力量，将我斗得力怯而回；又骂得我闭门不敢出来。他更不曾提着一个'取经'的字样。""题"是"提"的音同假借字。

【狠—很】

（a）呜呼华工，总不要怪人家心狠，谁叫自己国家弱呢。[京话日报1906.01.01-1]

（b）这样偏僻地方，那里有一万五六千一亩地的价钱，和甫也太心很了！[绣像小说1906（69）4]

按：清末民初，"狠"与"很"是异形词，均为形容词，表示"凶狠，狰狞"，还有双音异形词"狠命—很命、狠心—很心、凶狠—凶很、狠毒—很毒、狠手—很手、狠恶—很恶、狠狠—很很、狠鸷—很鸷"等，"很"与"狠"本为两个不同的词，《说文·彳部》："很，不听从也；一曰，行难也。"《说文·犬部》："狠，犬斗声。"段注："今俗用'狠'为'很'，许书'狠''很'义别。"《广韵·很韵》："很，很戾也。俗作狠。"从古代字书和古籍的使用情况看，"很"当为凶狠义的本字，而"唐代前后'狠'被借用作'很'的俗字。"[1]"狠"更符合汉字"以形表意"的特点，在现代汉语中，"很"与"狠"已完成分化。

【慢—漫】

（a）约摸歇了一个半钟头，方见这人两个眼珠，慢慢的收拢转来，喉咙中间，也渐渐的有了出进的气。[绣像小说1903（15）1]

（b）有几个后来漫漫的作了官，细考较他所办的事，所说的话，合从前就不同了，居然又另是一个人了。[大公报1902.09.03-3]

按：清末民初，"慢"与"漫"为异形词，表示缓慢之义，"漫"用作"慢"与同音假借相关，"漫"在宋代就可假借为"慢"，表示缓慢，如宋·赵与时《宾退录》卷二："蔡襄如少年女子，体态娇娆，行步缓漫，多饰繁华。"

第二节 单音节名词、代词

所谓名词，是表示人、事物、地点或抽象概念名称的词，清末民初单音节名词共3组，"弯—湾、跤—交、栓—闩"，所谓代词，即代替名词、动词、

---

[1] 张涌泉.汉语俗字研究[M].北京：商务印书馆，2010：106.

形容词、数量词、副词的词。清末民初单音节代词共计4组，"哪—那①、他—它、它—他、她—他"。为节约篇幅，我们列举几例如下：

【弯—湾】

（a）转了几个弯，进了一条冷巷，便见前头有一个人影儿，从那间房子里照将出来。[新小说1902（3）28]

（b）我便跟着足印踱步走去，转了几个湾，足印仍未混杂，直到一里之外经过条大弄到了街道上才瞧不清楚。[小说画报1917（12）5]

按：清末民初，"弯"与"湾"都可以表示"弯儿、弯子"义，由于"弯"与"湾"同源，清末民初"湾"可以用作"弯"。

【跤—交】

（a）有一天同他的朋友闲逛，竟顾了说话拉，偶不留神，这朋友跌了一跤，可就吊在水坑里了，越着急越上不来，大声喊叫。[京话日报1905.05.21-3]

（b）走了一半路，天已向黑，不留心，地下有件东西，绊了一交，顺手抓着看时，原来是个皮包，提起来，觉得狠重。[绣像小说1904（21）106]

按：清末民初，"跤"与"交"均可表示跟头义，最初词形应为"交"，《说文·交部》："交，交胫也。"由此引申出小腿义，由于摔跟头的显著标志是小腿摔出，因此"交"又引申为跟头义。"交"的跟头义至迟在元代已经产生。②由于"交"语义负担过重，可表"交叉""结交、交往""交换""交通要冲"等多个意义，在构词时就容易产生歧义，故由后起词形"跤"承担，"跤"词义较为单一，在跟头义上完成了词形替换，成为跟头义的专属义。清末民初，"跤/交"常与"跌""绊""推""掼""摔"等动词搭配，但结合比较松散，通常构成"V了一跤/交""V一跤/交""V这一跤/交"等结构，直到现代汉语，"摔跤""跌跤"等才得以广泛使用。

【栓—闩】

（a）入了大门，顺手将门上了栓，然后才呼啸一声直奔屋里而去。[大公报1918.10.30-11]

（b）老妇等得也有些心焦，才听后门头有匹驴子声，疾忙拔了闩，把门拉开，已闪进一个老人。[小说画报1918（13）105]

---

① "哪—那"既可以是单音节异形词，也可以构成双音节异形词，其字词关系在下文"哪儿—那儿"中进行列举说明。

② 冯陵宇."摔交""摔跤"的形义流变及规范[J].时代文学（下半月）2012（6）：194-196.

按：清末民初，"栓"与"闩"为异形词，表示器物上可以开关的机件，"栓"为形声字，"闩"为会意字，"栓"早在唐代便出现了，如唐·皮日休《蓝田关铭》："千岩作锁，万嶂为栓。"而"闩"出现于清代，《儿女英雄传》第三一回："只见那水湿的地方从窗棂儿里伸进一只手来，先摸了摸那横闩，又摸了摸那上闩的铁环子。"

【他—它】【她—他】【它—他】

（1a）聂抚台见他是个外国人，马上就应许了，去年二月间同他写了合同，任他去办。[安徽俗话报1904（1）17]

（1b）他父亲本是一位明白人，不然也不教它儿子上学堂了。[京话日报1905.07.30-3]

（2a）婆媳两代寡居，跟前就守着一个女孩子，刚刚六岁，婆婆可怜媳妇年轻，劝她改嫁，媳妇心疼婆婆年老，无依无靠。[京话日报1906.04.23-5]

（2b）养活一个女孩儿，现在也不小了，很有皮气，新近要出门子，见他父母给预备的嫁妆，不很随心，大发雷霆。[京话日报1905.10.22-6]

（3a）一桩叫做辟刑，这种刑法，大抵是生命刑，又把它分成三个子目。[中国白话报1904（13）13]

（3b）（答）月壳有时是缺的，有时是圆满的，要是他自己发光，便终年都是一样了。[安徽俗话报1904（10）22]

由于汉语中没有性范畴，他称代词是不分性别的，用汉字"他"泛指男性、女性及一切非人的事物。在用白话文对译欧美文学作品时，造成了很大的混淆和不便。"人们不得不努力去创造一些新字词，或改造一些传统汉字的用法，以适应中西语言词汇对译的需要"①。第三人称这一语义范畴发生了分割，裂变为女性、男性、中性三个概念，分别为阴性代词、阳性代词、中性代词。

由于没有与英文"she"相对应的词，因此常译为"他女""那女的"，十分累赘，后来又借用吴语中的"伊"，因与口语不同，未得到普遍应用。"她"本是"姐"的古字，与人称代词"她"无涉。《康熙字典》对"她"的解释为："《玉篇》古文姐字，《说文》蜀谓母曰姐，淮南谓之社，亦作她，或作媎。……《六书故》姐古文或从也声作她，或从者声作媎。""姐"字产生后，"她"几乎成了一个死字，后来，在有识人士的推动下，重启"她"字，赋予它新的生机，成为女性第三人称的书面字。

---

① 陈翠珠. 多维人文学术研究丛书——汉语人称代词流变[M]. 北京：中国书籍出版社，2020：124.

近代以前，"它"与"他"是相通的，文献中可以相互换用。王力先生指出："中性的第三人称代词，中国语里本来极少极少。把一张桌子叫做'它'，已经是很少见的了；至于把一种无形的物叫做'它'，尤其是绝无仅有。"① 然而最晚于清代末期，"他"就发生了语义分割，可以用作中性代词。在《"她"字问题》一文的最后，刘半农还提出另一个想法，除了"她"之外，还应该再造一个"它"字，以代无生物。有识人士的推动，加上五四运动的巨大影响力，起到推波助澜的作用，然而，"他"与"她""它"的混用，早在五四之前就开始了。在清末时期，"她—他""它—他""他—它"是异形词关系，随着概念领域的厘清，它们逐渐分化为不同的词。

第三节 单音节副词、助词

所谓副词，是指用以修饰动词或形容词，以表示时间、频率、范围、语气、程度的词。清末民初单音节副词共计1组，"很—狠"。助词属于虚词，附着在其他词汇、词组，或是句子上，作为辅助之用。清末民初单音节助词共计4组，有程度助词"煞—杀"，有结构助词"地—的、得—的"，有表数助词"第—弟"，为节约篇幅，我们列举几例如下：

【很—狠】

（a）连日密察拉斯奇的意思，知他于俄德这番密约，很不以为然。[京话日报 1904.09.05-3]

（b）到九月他交卸走了，新任诚抚台查到这件事，狠不以他为然。[安徽俗话报 1904（1）17-18]

按：清末民初，"很"与"狠"为异形词，均可表示副词。程度副词"很"最早见于元代，字形多写作"哏"，主要用在直译体文献以及会话课本中，《元典章·朝纲》："事物哏多。"太田辰夫认为"很"大量使用是从清代开始的，并认为"很（哏）"来自和蒙古人接触较多的北方的"汉儿言语"。② 汤传扬通过统计文献用例，进一步精确到清代中期。而且据他考察，"很"的产生是其自身语义演变与语言接触共同作用的结果。其扩散路径是自北向南推进的。③

---

① 王力. 中国现代语法 [M]. 北京：中华书局，2014：422.
② 太田辰夫著，江蓝生，白维国译. 汉语史通考 [M]. 重庆：重庆出版社，1991：205、251.
③ 汤传扬. 近代汉语程度副词"很"的兴起与"甚"的衰落 [J]. 南京师范大学文学院学报，2019（3）：174-182.

我们同意后一种观点，副词"很"既是形容词"狠"语义虚化的结果，又受北方方言的影响，是双重作用的结果，在清代，副词"很"与"狠"是混用的。直到清末民初，这种情况十分焦灼，"很""狠"的使用均十分广泛，甚至"狠"的用法比"很"更普遍。

【煞—杀】

（a）难道这堂堂中国，巍巍高山，昀昀大陆，莽莽江河，竟如一个无主的孤儿不成，真令人急煞、恨煞、闷煞、痛煞！[竞业旬报 1908（13）7]

（b）怎耐孤掌难鸣，难以展布，怅望神州，好不闷杀人也。[安徽俗话报 1904（10）31]

按：清末民初，"煞"与"杀"为异形词，"杀"和"煞"可以放在动词之后，构成"V+煞/杀"结构，"煞/杀"是助词，表示"极，甚"。在古代汉语中，"杀"字常常跟在动词后面，与之构成一个补充结构的动词短语，其宾语限于人或事物，"杀"字表示"致死"的意思，这是"杀"字得以虚化的语言环境。如《史记·游侠列传》："人怒，拔刀刺杀解姊女。"南北朝时期，"杀"的意义开始虚化，它表示的意义不是"致死"，而是表示程度很高，具有修辞学的夸张意味，如《先秦汉魏南北朝诗·晋诗》："晃荡无四壁，严霜冻杀我。"在唐代，"杀"已经完全完成了虚化，在字面上，还可以写作"煞"，既可以用作副词，表示"极，甚"，又可以用作助词，表示程度深，如唐·卢延让《八月十六夜月》诗："桂老犹全在，蟾深未煞忙。"唐·李咸用《喻道》诗："长生客待仙桃饵，月里婵娟笑煞人。"

【地—的】

（a）而且扑克要六七个人才可成局，渐渐地赌友愈加多了，有几家大公馆里的太太、姨太太喜欢打扑克的也来找他。[小说画报 1918（16）10]

（b）孔子的学术，虽说是从六经入手，但他所看的书，既然多的了不得，他的思想，也就渐渐的发达。[中国白话报 1904（13）19]

按：清末民初"地"与"的"为异形词，均可作状语标志。"地"在早期就可以用作助词，唐宋时代，白话的结构助词有一个"地"，一个"底"，它们读音不同，用法也不同。据吕叔湘的研究，"底"附着在区别性的修饰语之后，而"地"附着于描写性的修饰语之后。[1]宋代以后，"地"和"底"读音变得一样了，在书面上便合成了一个，都逐渐写作"的"。

---

[1] 吕叔湘.论底、地之辨及底字的由来 [A].汉语语法论文集（增订本）[C].北京：商务印书馆，1984：50-51.

清末民初，"的"的使用十分普遍，不能区别状语成分和定语成分，而且，在翻译印欧语言作品时，人们觉得十分不便。在印欧语言中，形容词和副词多为派生关系，往往在词尾（英语副词多加—ly）加以区别。人们希望汉语也能在形式上有一个显性标志，于是对作定语成分与作状语成分加以区别，因此"de"在书面上分化为"的""地"二字，"的"用作定语标记，"地"用作状语标记。由于贯彻不到位，出现了"的"与"地"混用的情况。

【得—的】

（a）大家拼着性命，要想跑得比别人快，跳得比别人高，你跑得慢跳得低，自然是输稳的了。[竞业旬报1908（15）8]

（b）是日柳知府会同本城参府，刚刚升堂坐下，尚未开点，忽见把大门的带进一个人来，喘吁吁跑的满头是汗。[绣像小说1903（1）3]

按：清末民初，"得"与"的"为异形词，用作补语标志。"得"在唐五代时期就可以用在动词或形容词后面，连接表示程度或结果的补语。"得"本与"的"读音不同，因此书写形式不会相混，后来"得"语音不断弱化，与"的"变得读音相同了，因此"得"常常写作"的"字，"得"的数量在逐渐减少，但并未消亡，这种情况一直持续到清末民初。"得"的"重拾旧用"间接得益于印欧语，随着"的"与"地"字形分化，"得"的补语标志地位也得以确立。

【第—弟】

（a）学堂办得多的，那国家必定是强，学堂办得少的，那国家必定是弱，蒙学又是学堂中第一要紧的。[安徽俗话报1904（1）22]

（b）蚕子的事，是养蚕弟一要紧的事情，平常都是为着蚕子不好，往往将好子，变成歹子。[中国白话报1903（4）25]

按：清末民初，"第"与"弟"为异形词，表示次第。"弟"的本义为缠绕的次序，引申泛指次第、次序。《说文·弟部》："弟，韦束之次弟也。"段注："束之不一，则有次弟也。引伸之为凡次弟之弟，为兄弟之弟，为岂弟之弟。"次第义后来写作"第"。

第四节　单音节介词、语气词

清末民初单音节介词共计2组，"和—合①、叫—教"，单音节语气词有2

---

① "和—合"既有介词用法，亦有连词用法，我们放在同一词条中进行说明。

组,"吧—罢、吗—么",如:

【和—合】

(a)小孩子,也知道,尽忠保国。无论那,贫和富,识字通文。和别国,打起战,人人拼命。[安徽俗话报1904(1)35]

(b)现在烟台胶州,都有种洋梨合洋葱、洋蒜的,也有中国苹果,合洋梨栽接,另长出一种新样苹果。[京话日报1904.09.15-2]

按:清末民初,"和""合"在连词和介词用法上是混用的,如上述例句中,"贫和富""洋梨合洋葱"中"和—合"连接两个并列成分,是连词,"和别国打起战""合洋梨栽接"引出动作关涉对象,是介词。有学者猜测"合"是"和"的另外一种写法,如席嘉:"(合)也可能只是连词'和'的另一个写法。"① 冯春田:"'合'……是'和'的方言变体。"② 赵兵川通过文献用例,认为写"和"为"合"的时间大概从《金瓶梅》时代已经开始,这一现象通行的范围主要有两个地区,一是山东,一是北京,另外东北官话中也有一定的使用。③

【叫—教】

(a)他老婆道:"我的计策在后呢,你怎么这样性急,我的主意不如随便指一块坟头叫他磕两个头也就罢了。"[小说画报1917(5)75]

(b)第二是要把各项浅近的学问,用通行的俗话演出来,好教我们安徽人无钱多读书的,看了这俗话报,也可以长点见识。[安徽俗话报1904(1)3]

按:清末民初,"叫"与"教"为使役动词,用法是相同的,"教"的使令义由"教导"义引申而来。表使役"教"产生于东汉时期。东汉文献中可见,如《易林》卷2:"教羊牧兔,使鱼相捕。""教"和"使"对文,意义相同。"教"经常用作使令性动词后,由于"教导"义的"教"也可用于兼语句,为了加以区别,使令性动词"教"便被读作平声,与"交"同音,因此,"教"又写作"交"。"叫"的使令义由"呼唤、召唤"义引申而来,直到宋代"叫"才开始用作使役性动词,但具有一定的具体性,有"呼"的意味,不是单纯的使令性动词,如《史弘肇龙虎君臣会》:"叫王琇来偏厅上。"《元曲选·青衫泪》:"我如今叫他出来。好歹教他伴你。""叫"和"教"分开使用,可见二者的区别。直到明代中叶以后,"叫"才成为单纯的使令性动词。④

---

① 席嘉.近代汉语连词研究[D].武汉大学博士学位论文,2006:19.
② 冯春田.《聊斋俚曲》语法研究[M].开封:河南大学出版社,2003:196.
③ 赵兵川.连词"和"的来源及形式[J].古汉语研究,2010(3):83-91.
④ 张焕新."叫"的兴起与"教"的衰落[J].通化师范学院学报,2004(1):102-105.

【吧—罢】

（a）只见那十一岁的孩子，从帐子里伸出头来，口中喊道："请你们把钱拿回去吧，我是不愿意受那些毁谤我祖国的人的钱的。"［竞业旬报1909（39）33］

（b）你不守学规，我教不得你，另请高明罢！说完，就叫家人捆铺盖要走。［绣像小说1904（23）131-132］

按：清末民初，"吧"与"罢"均可用作句末语气词，其本字当作"罢"，"罢"来源于古代的"夫"，"夫"上古属重唇音p，读如"罢"，当它用在句末时，和"罢"的读音和用法一样，如《论语·子罕》："子在川上曰：'逝者如斯夫！不舍昼夜。'"在宋元话本戏曲里句末语气词始用作"罢"，如元·关汉卿《救风尘》第一折："我不坐了，且回家去等信罢。""罢"写作"吧"是清末民初的事情，陈颖认为清末民初语气词有成系列的语音弱化现象，并认为"吧"在晚清民国时期声调变轻，尚未发生元音央化。① 为声调变轻为"吧"写作"罢"奠定了基础。"作语气词的'罢'与作语气词的'吧'的用法基本相同。所不同的，大概是'五四'以前及'五四'时期的早期白话多用'罢'，现在的作品多用'吧'。"②

【吗—么】

（a）你看这路字左边一个足字，右边一个各字，各人走各人的两条腿，你的家产，还能彀保得住吗？［申报1908.08.21-12］

（b）列位你想本国的主人，不能禁止外客的航路权，这还罢了，反来本地主人，还要仗着外客的势力，才能彀有航路权，这不是反客为主了么？［安徽俗话报1904（15）5］

按：清末民初，"吗"和"么"为异形词，用在句末表示疑问。疑问语气词"么"是近代汉语产生的一个语气词，对于它的源流，王力认为："'吗'的前身是'么'，'么'的前身是'无'。'无、么、吗'是一声之转。"③ "无"在上古属明母微部，读miua，后又读ma，"么"在唐初由已虚化的"无"蜕变而来，最初字形写作"磨"或"摩"，如敦煌本《王梵志诗·偷盗须无命》："将他物己用，思量得也磨？"《敦煌变文集·妙法莲华经讲经文》："若要求

---

① 陈颖.从互动视角看汉语语气词——以清末民初北京话为例[J].语言历史论丛（第十七辑），成都：巴蜀书社，2015：313-327.
② 华南师范学院中文系《现代汉语虚词》编写组.现代汉语虚词[M].广州：广东人民出版社，1981：12.
③ 王力.汉语语法史[M].北京：北京联合出版公司，2018：390.

闻微妙法，随我山中得也摩？"也写作"么"，如唐·贾岛《王侍御南原庄》诗："南斋宿雨后，仍许重来么？"宋代开始，"么"得到了大量使用，清代中叶以后，语气词"吗"开始流行。约20世纪初，"吗"的使用已占绝对优势。①

第五节　单音节数词、量词

清末民初单音节数词共计1例，"廿—念"，单音节量词共计5组，"吨—墩、支—枝、只—支、段—断、趟—蹚"，如：

【廿—念】

（a）廿三岁上和中学里一个学生订了婚，是个继室，这学生是乡下财主，和中慧的五弟同学，便与中慧相识。[小说画报1918（16）162]

（b）谁知俄国那里看得起日本，还是一味支吾，不肯退兵，到了去年腊月念三日，日本忍耐不住，便和俄国开了仗。[安徽俗话报1904（1）13]

按：清末民初，"廿"与"念"为异形词，表示"二十"。"廿"是二十的合文，是会意字，《说文·廿部》："廿，二十并也，古文省。"因"廿"不能表音，人们通常用记音字表示，"念"为二十的俗称字。五代·丘光庭《兼明书》卷五："今人呼菘为蔓菁……魏武之父讳嵩，故北人呼蔓菁，而江南不为之讳也。亦由吴主之女名二十，而江南人呼二十为念，而北人不为之避也。"顾炎武在《金石文字记》卷三《开业示碑》条里据济南李致、王亢等人在碑阴题名并记时为"元佑辛未六年阳月念五日"指出"'以廿为念'始见于此。"②"元佑"年为宋代年号，说明在大概在五代乃至宋朝，"念"便成为"廿"的记音词，"念"是常用字，更容易读说。

【吨—墩】

（a）日本也向英国买无烟的煤炭五千二百吨，已经由英国运到日本了。[中国白话报1903（3）54]

（b）英国三岛，地方虽小，每年要出煤二百三十兆墩，轮船铁路制造厂和通商各口岸，没有一处不用煤。[京话日报1904.12.11-3]

按：清末民初，"吨"和"墩"为异形词，表示一种重量单位。是"ton"的音译词。在清末民初，音译词处于草创阶段，词形使用很不稳定。

---

① 张鹏丽. 唐宋禅宗语录疑问语气词"么（摩）"考察[J]. 汉字文化，2012（1）：49-52.
② 林根."廿"与"二十"[J]. 新疆大学学报（哲学社会科学版），1991（1）：120.

第一章　清末民初单音节异形词汇考

【支—枝】

（a）他们的三弦子，已都和好了弦，一递一段的唱了一支曲子。[绣像小说1904（16）6]

（b）陆佩芳斟了一巡酒，便弹首琵琶唱了一枝曲子，原来十年之前上海的倌人唱起曲子来，大半还都是弹的琵琶。[申报1909.04.16-26]

按：清末民初，量词"支"与"枝"存在混用现象，均可用于队伍、歌曲、电灯的光数还有条状的东西（如：笔、手枪、蜡烛、箫、秤杆、令箭等），还可用于带枝叶的花朵。"支"与"枝"之所以存在混用现象，是因为二者同源，"支"的本义为劈下的一个树枝，引申泛指枝条，这个意义后来写作"枝"，"支"一直用作分支、支派义。因此，"枝"用作量词时，多形容带枝叶的事物或呈条状的事物；而"支"用作量词时，多形容分支中的一支。

【只—支】

（a）产妇初哺小儿，宜自己先安卧，将小儿抱在腕边，把一只手做枕头，一只手轻轻按着乳头，如此小儿的鼻孔，不致遮塞。[杭州白话报1902（33）26]

（b）怎么说呢，人家两支手都是活动的，咱们一支手不但不活动，还要叫这个病手给牵累着呢！[京话日报1905.07.17-1]

按：清末民初，"只"和"支"在表示手时常混用，二者各有理据，由于手是身上的分支，因此用作"支"。"只"的量词义来源于"隻"①，现代汉语中，"只"是"隻"的简化字，"隻"的本义为获取鸟一只。"隻"是"雙（双）"的省文，王绍新："'雙'简作'隻'，盖汉时习惯。"② 在历时演变过程中，通过"成对事物类"或"动物类"这两条路径而进入量词"只"的范畴内。③

【段—断】

（a）这时英将布黎绵，正要奔避，早已不及，后面物尔颜赶上，把刀一挥，砍布黎绵为两段。[杭州白话报1901（8）10]

（b）把个孔武说得从那演说台的左首，抢起一把双龙宝剑来，将那旁边一个六尺长的大文案，登时截成两断。[绣像小说1904（38）2]

按：清末民初，"段"与"断"为异形词，表示"布帛等条状物的一截"。"段"的本义为锤击，《说文·殳部》："段，椎物也。"引申为断开、分段，《说文·殳部》"段"字下段注："……以段为分段字，读徒乱切，分段字自应作断，盖古今字之不同如此。"再引申为事物或时间的一截，这个意义后来成为"段"

---
① 现代汉语中，"隻"已简化为"只"，为了方便说明，这里部分形体仍采用简体形式。
② 王绍新. 隋唐五代量词研究[M]. 北京：商务印书馆，2018：39-40.
③ 王晓燕. 量词"只"的形成及其历时演变[J]. 汉字汉语研究，2021（1）：68-76.

13

的专用义,本义另加义符"钅"作"锻"。"断"的本义为截断,《说文·斤部》:"断,截也。从斤,从㡭。㡭,古文绝。䎸,古文断,从𠧢,𠧢,古文叀字。""段—断"表示一截、一段,"段""断"有因果关系。

【趟—蹚】

(a)我先通知你,至迟明早八点钟交来,每人先交一月,你就告诉各同学,或是今晚各人回去家里一趟。[中国白话报 1904(17)49]

(b)印捕到了这个时候,实在忍不住了,便也睁着两眼对他说道:"好好的请你去走一蹚,你到底去不去?不要回来面子上不好看。"[申报 1907.11.18-18]

按:清末民初,"趟"与"蹚"均可为量词,表示次数、回数。"趟"异体作"蹚""踃",本义为跳跃的样子,《六书故·人九》:"趟,雀跃状也。"又引申为从行走、步伐义,用作量词,指行走的次数。

第二章　清末民初双音节异形词汇考

清末民初以双音节异形词占绝大多数，共计 327 组，占清末民初异形词总数的 82%。从义位的角度看，清末民初异形词是同一的，因此，长召其、张志毅指出"异形词是词位的无值变体"[①]。既然是记录同一个词，那么异形词的结构大都是相同的，根据字词关系和词语结构关系，我们把双音节异形词分为单纯式异形词、复合式异形词、重叠式异形词和附加式异形词四种类型。但也存在一些个例，清末民初也存在一些结构类型不同的异形词。

第一节　单纯式异形词

由单纯词构成的异形词为单纯式异形词。清末民初单纯式异形词共计 39 个，占清末民初异形词总数的 10%，它们整体作为一个音义结合体表示一个完整的意义，异形语素字的记词职能为表音，而没有实在意义。单纯式异形词包括联绵异形词、音译异形词、叹词异形词三种类型。

（一）联绵异形词

所谓联绵词，是指"由两个音节连缀成义，只有一个词素，不能分割的词，即双音节的单纯词"[②]。又被称为"单语素词"，联绵词常常字无定体。李运富、王海平指出："单语素词，常可据音借用不同形体来表示。"[③]同一个联绵词，由于不同时代、不同地域选用不同的汉字，就会形成异形词。联绵词一般以双音词为主，两个字的读音大都存在一定的关联，声母相同的称作双声，韵母相同的称作叠韵，声韵皆同的称作双声叠韵，声韵皆不同的称作非双声叠韵。

清末民初的双声异形词，共计 4 个，有"差池—差迟、含糊—含胡、流

[①] 长召其，张志毅. 异形词是词位的无值变体 [J]. 语言文字应用，2003（3）：41-46.
[②] 祝鸿熹. 古代汉语三百题 [M]. 北京：商务印书馆，2017：98.
[③] 李运富，王海平. 宋代墓志复音词来源考察 [A]. 王宁. 训诂学与词汇语义学论集 [C]. 北京：语文出版社，2011：73-92.

连—留连、辉煌—辉皇"等，如：

【差池—差迟】

（a）望仙姑施法力，保佑我，娇儿速愈感深恩，倘然有甚差池处，这便是，母子双双两命倾。[绣像小说1903（3）2]

（b）佩青道："老师说的人家还有什么差迟，况且又是令甥女，宛同世妹一般，学生那里敢辞？"[小说画报1917（4）4]

按：清末民初，"差池"与"差迟"为异形词，表示"差错"义，此为联绵词，原义是不齐的样子。《诗·邶风·燕燕》："燕燕于飞，差池其羽。"马瑞辰通释："差池，义与参差同，皆不齐貌。"引申为"差错"义，如唐·韩愈《寄崔二十六立之》诗："每旬遗书我，竟岁无差池。"

【含糊—含胡】

（a）就是停在他海口里，也要说明来历，并约定停泊几天，他允许进去，才能够进去，到了限期，就要开出，丝毫都不能含糊的。[安徽俗话报1904（15）3]

（b）红云心想：这怕是疟疾，不然怎地忽寒忽热变的这样快？心里虽这般想，嘴里却不敢说，只含胡应道："我是小孩子更懂不得了。"[小说画报1918（15）104]

按：清末民初，"含糊"与"含胡"是异形词，是双声联绵词，用字重音轻义，词形具有一定的随意性，故有"含糊""含胡""含乎""含忽""函胡"等多重书面形式。

【流连—留连】

（a）二人走到湖边，雇了一只瓜皮艇，随意荡桨，遇着好景致，便登岸流连，或远远瞻眺，果然天下第一名胜。[绣像小说1904（24）136]

（b）云仙见他谈吐不凡，以为知音，留连了一个多月，就订了婚嫁。[京话日报1904.11.03-2]

按：清末民初，"流连"与"留连"为异形词，表示耽于游乐而忘归。"流连"最早见于《孟子·梁惠王下》："流连荒亡，为诸侯忧。从流下而忘反谓之流，从流上而忘反谓之连……先王无流连之乐，荒亡之行。""留连"最早见于《素问·生气通天论》："邪气留连，乃为洞泄。"表示"滞留，滞积"义，后引申指沉醉逸乐之事。如宋·苏轼《骊山》诗："由来留连多丧国，宴安酖毒因奢惑。"

【辉煌—辉皇】

（a）但见那灯火辉煌，人声嘈杂，男男女女，都向着里面进去。[杭州白

话报 1903（6）29]

（b）至于卞猛睡的那个房间里灯烛辉皇，床上一顶帐子已经高高揭起，他母亲苗氏扶着女儿瑞金站在床边掩面痛哭。[大公报 1918.12.20-11]

按：清末民初，"辉煌"与"辉皇"为异形词，表示"光彩夺目，光辉灿烂"义，"煌"有明亮义，如《说文·火部》："煌，煌煌，辉也。""皇"为"煌"的古字，《诗·小雅·采芑》："服其命服，朱芾斯皇。"毛传："皇，犹煌煌也。"汉·蔡邕《独断》卷上："皇者，煌也。盛德煌煌，无所不照。"

清末民初的叠韵异形词，共计 10 个，有"耷拉—搭拉、啰苏—噜苏、逗留—逗遛、仓皇—仓惶—苍皇—苍黄、嚎啕—号咷—号淘、混沌—浑沌、骨碌—谷碌、局促—侷促、唠叨—劳叨、葫芦—胡卢"等，如：

【耷拉—搭拉】

（a）如有耷拉着短发，或是扎着小辫，诚心作出奇形怪状的，限于三日内一律除去。[京话日报 1914.08.12-4]

（b）有一天在野地里闲游，忽然遇见了一条狼，这个狼骨瘦如柴，无精打彩的搭拉着尾巴，漫漫的走，差不多也就快饿死了。[敝帚千金 1905（2）10]

按：清末民初，"耷拉"与"搭拉"为异形词，表示下垂貌。本字为"耷"，《玉篇·耳部》："耷，大耳也。""耷拉"原指大耳下垂，后引申指凡下垂之貌。"搭"是"耷"的同音借字。

【啰苏—噜苏】

（a）赵大爷你别嫌咱啰苏，跟前就有一桩事情求你老帮个忙，照应小人吃碗饭。[绣像小说 1903（2）1]

（b）恋春道："唉，这老头儿真是噜苏煞人。好，好，我便依你，你去等候来车，我便在酒排间坐地罢了。"[申报 1913.03.31-10]

按：据《汉语方言大词典》，"啰苏"为吴语词，表示啰嗦，麻烦。"啰苏""噜苏"上海拟音为 [lu$^{53-55}$su$^{53-21}$][lu^{53}su^{53}][1]，浙江定海《定海县志》："俗谓琐屑不晓事曰噜苏，亦作啰苏。"

【逗留—逗遛】

（a）到州署及商会农会等处募捐，当时州官就送他十元，农商会各送十元，他的意犹未足，尚逗留未去呢。[安徽白话报 1909（1）17]

（b）幸亏局里有个老司事，颇能识窍，力劝不可。所以只吩咐局勇，将不报捐的一律驱逐出城，不准逗遛在捐局门口。[绣像小说 1903（9）45]

---

[1] 许宝华，宫田一郎. 汉语方言大词典 [Z]. 北京：中华书局，1999：5423、7060.

按：清末民初，"逗留"与"逗遛"为异形词，《说文·辵部》："逗，止也。"《集韵·尤韵》："遛，逗遛，不进也。""逗遛"词形在汉代便已出现，如《汉书·匈奴传上》："上以虎牙将军不至期，诈增卤获，而祁连知房在前，逗遛不进，皆下吏自杀。"颜师古注："孟康曰：'律语也，谓军行顿止，稽留不进也。'""逗遛"又可省作"逗留"，是现在的常见词形。

【仓皇—仓惶—苍皇—苍黄】

（a）只见褚观察见了那老头子进来，神色惊慌，仓皇不定，连忙迎上前来，恭恭敬敬的叫了一声四伯。[申报1910.04.20-26]

（b）逾数小时，婢来，则泪承其睫，仓惶无人色。客大惊，问故，婢曰："大祸至，妃及比客长者并余曹，皆不免矣。"[绣像小说1905（48）81]

（c）有一晚，荣豪来到唐美图家中，刚走进门，只见能智和罗智斯二人，泪痕满面，神色苍皇。[安徽俗话报1904（15）36]

（d）金子丹的家人推开陈观察的舱门，一看说到没有没有，形式苍黄的便走了。[小说画报1917（1）117]

按：清末民初，"仓皇—仓惶—苍皇—苍黄"为异形词，表示"匆忙、急迫"，"仓皇"诸词形为叠韵联绵词，往往以声表义，不拘形体，故有诸多词形。周荐指出："一部分联绵词，其所由构成的字都不是专职汉字，即它们都可以用于其它场合，但是构成联绵词时的每一个非专职汉字并不具有它们用于其它场合的意义。"① "仓皇"诸词形中，其构成语素"仓／苍""皇／黄"均与"匆忙"义无关，只有组合在一起才能表达匆忙之义。

【嚎啕—号咷—号淘】

（a）说着吴氏就收拾收拾，选了一挂双套飞车，赶进城去，到了他父亲面前，嚎啕大哭。[绣像小说1903（11）5]

（b）所以他一闭了眼睛，便梦见他父亲在那里愁颜长叹，他母亲在那里号咷大哭，别夏斯心中真个好像刀割一般的难过。[竞业旬报1908（12）56]

（c）老者一言不答，爬在地上，只是号淘大哭，爬起一路哭出衙门去了。[杭州白话报1901（19）11]

按：清末民初，"嚎啕—号咷—号淘"为异形词，指大声哭叫，它们为联绵词，"号咷"出现得较早，如《易·同人》："同人，先号咷而后笑。""嚎"与"啕"为同义词，《西游记》第三十九回："哭有几样，若干着口喊，谓之嚎；扭搜出些眼泪儿来，谓之啕。"

---

① 周荐. 汉语词汇结构论[M]. 上海：上海辞书出版社，2004：123.

第二章 清末民初双音节异形词汇考

【混沌—浑沌】

（a）没有一桩争气的事，再不想自己发发愤，别叫人家当猪狗看待，从此混沌下去，有多大的家产，也是枉然。[京话日报 1905.04.17-2]

（b）倘国家同别国开仗，国家胜，人民也不喜，国家败，人民也不忧，像这个浑沌的人民，贵族的世界，怎么能立国呢？[杭州白话报 1902 第二卷（20）10]

按：清末民初，"混沌"与"浑沌"为异形词，表示糊涂，"混沌"是联绵词，古书多用"混沌"表示传说中的宇宙天地未分的样子，如汉·班固《白虎通·天地》："混沌相连，视之不见，听之不闻，然后剖判。"引申指糊涂。如元·无名氏《小尉迟》第一折："这个养爷老的混沌了，我是刘季真的儿。"

【骨碌—谷碌】

（a）那女子听得声音，也便惊醒一骨碌爬起来。[小说画报 1917（3）67]

（b）绅士又羞又气，一谷碌从地上扒起来要想去寻那撞他的日本人，和他吵闹，无奈等得他在地上立起身来，那东洋人早不知跑到那里去了。[申报 1907.10.05-18]

按：清末民初，"骨碌"与"谷碌"为异形词，形容快速灵活地翻转或滚动。"骨碌"本是模拟滚落的声音，也指滚落的动作。"骨碌"字无定形，又可以写作"谷碌"。

【局促—侷促】

（a）琪士看那室中的陈设好不精雅，铜瓶棐几名画金框富丽的好似天官一般，看了看自己身上，倒有些自惭形秽，局促不安起来。[大公报 1919.09.02-11]

（b）见了左瑶瑟，同着江镜波出来，两对眼睛直上直下的，把左瑶瑟看个不住，只把一个左瑶瑟，看得侷促不安，手足无措。[申报 1909.12.01-27]

按：清末民初，"局促—侷促"为异形词，表示"拘谨、拘束"，是联绵词。联绵词字无定型，有多种不同的书写形式，除"局促""侷促"外，另有"局趣""局躅""局束"等多个词语形式。

【唠叨—劳叨】

（a）慕蠡陶安只觉他说来全不切当，暗道："关我们收茧子什么事呢？这人真是个迂儒，唠叨可厌。"便伴伴的不睬他。[绣像小说 1905（46）4]

（b）惟独这位老塞翁毫不介意，笑嘻嘻的堆大众说："你们不必喊闹了，丢人一匹好马，就这样的劳叨，据我看着，还许是咱们的福气呢！"[京话日

报 1905.12.30-1]

按：清末民初，"唠叨"与"劳叨"为异形词，表示说话没完没了，"唠叨—劳叨"为联绵词，"唠叨"见于元代文献中，如元·无名氏《谢金吾》第一折："你这个老人家，……则管里倚老卖老，口里唠唠叨叨的说个不了。""劳叨"形体较为简洁，大概是为了简省笔画有意选择的词形。

【葫芦—胡卢】

（a）据此看来，平常乘车的客人，不知道受过多少气，山东人呀，一个个还在闷葫芦罐儿里哪。[京话日报 1905.05.18-2]

（b）一面骂着，一面又问福池正太郎道："这里头到底是什么顽意儿，怎么你尽着不说，一味的叫咱打这个闷胡卢。"[申报 1907.10.15-18]

按：清末民初，"葫芦"和"胡卢"为异形词，是植物名。嫩时可食，干老后可作盛器或供玩赏。葫芦古称"匏""瓠""壶"，后来又写作"壶芦""胡卢"等。"闷葫芦"喻指难猜透而使人纳闷的话或事。如元·纪君祥《赵氏孤儿》第四折："好着我沈吟半晌无分诉，这画的是徯幸杀我也闷葫芦。"

清末民初的非双声叠韵，共计13个，有"猥琐—委琐、伏羲—庖羲—伏牺—庖牺、狼籍—狼藉、疙瘩—疙疸、肬腊、凤凰—凤皇、狡猾—狡滑、糟蹋—糟塌—糟踏、王八—忘八—亡八、伎俩—技俩、低回—低徊、硫磺—硫黄、哽咽—梗咽、搭讪—答讪—搭赸"等。

【猥琐—委琐】

（a）东平县知县张兆骏贪婪猥琐，任性妄为，前在任内朦买官荒，珑断渔利。[安徽白话报 1909（2）36]

（b）古人说得好："但有治人没有治法。"议院的法子虽是好的，恐怕弄着一般委琐龌龊的议员，那时地方上的事情，更属不堪设想。[申报 1909.05.04-12]

按：清末民初，"猥琐"与"委琐"为异形词，均可表示容貌、举止庸俗、不大方，由于"委"与"猥"可以相互通用，在历史用法中，"猥琐—委琐"另有繁杂、琐碎义，"猥琐"的用例不见于清末民初，但历史文献中可见，如明·徐渭《女状元》第三出："这个官虽是簿书猥琐，却到得展我惠民束吏之才。"由于"猥"的义符为"犭"，在中华民族的认知心理中，不好的品质常与动物相关，因此常以"犭"作偏旁，如"狡猾""狼狈""猖獗""狰狞"等，而"委"与"琐"皆当琐碎讲，因此，"猥琐—委琐"发生了词义分化，"委琐"表示琐碎，而"猥琐"专用于表示鄙陋、卑劣。这符合"以形表义"的原则。

20

【伏羲—庖羲—伏牺—庖牺】

（a）刚刚这时候做头目的名叫伏羲，他却想出一个法子，把许多细绳结个大纲，教大家把这大纲放在水里一捞，却捞了许多东西上来。[中国白话报 1903（1）11-12]

（b）庖羲掌教结罗网，鸟躲鱼藏把命花。炎帝神农尝百草，赭鞭草木早生芽。督元反了蚩尤氏，黄帝为君兴起战。[竞业旬报 1908（11）50]

（c）帝即位后，因伏牺氏所倡的甲历，颇觉疏略，便叫羲氏和氏四弟兄，精考历象。[杭州白话报 1903（4）8]

（d）女娲氏你断甚么柱天鳖，有巢氏你架甚么避风巢，那不识字的老庖牺，你画甚么奇和偶？那不知味的老神农，你尝甚么卉和艹？[中国白话报 1903（2）61]

按：清末民初，"伏羲""庖羲""伏牺""庖牺"为异形词，上古汉语中，"伏"为并母职部字，"庖"为并母幽部字，并母双声，职、幽旁对转叠韵，读音十分相近。"羲""牺"同属于晓母歌部字，属于音近字替换。然而在其异形词中，人们加入了主观联想，在史传中，伏羲氏发明了取火的方法，用最原始的佐料烹调食物，养六畜以为牺牲，是上古时代的第一代厨师，因此，"伏"又记作"庖"，"伏羲"又作"庖牺"，唐·司马贞《三皇本纪》："太皞庖牺氏，风姓，代燧人氏继天而王……养牺牲以庖厨，故曰庖牺。"

【狼藉—狼籍】

（a）到后来，弄得了，声名狼藉；人不答，鬼不睬，个个生嫌；这便是，做亲的，收梢结果；所以这，婚姻事，不可从权。[安徽俗话报 1905（21、22）8]

（b）看官须知伯兰的行为，本来声名狼籍，吃着嫖赌，无所不为，各处所借的钱债，不知有多少。[绣像小说 1904（21）2]

按：清末民初，"狼藉"与"狼籍"为异形词，表示行为不检，名声不好。该义是由"纵横、散乱"义引申而来，至于其语源，旧传狼群常藉草而卧，起则践草使乱以灭迹。如清·翟灏《通俗编》："狼藉草而卧，去则灭乱，故凡物之纵横散乱者，谓之狼藉。"实际上，"狼藉"是联绵词，写法很不固定，除"狼藉""狼籍"外，还可以写作"狼戾""狼戅""狼疾"[1]，《孟子·告子上》："养其一指而失其肩背而不知也，则为狼疾人也。"赵岐注："此为狼藉乱而不知治疾之人也。"孙奭疏："为狼疾、藉乱而不知医治者也。"焦循正义："赵氏读狼

---

[1] 蔡镜浩．释"狼藉"[J]．语言研究，1985（1）：174-177．

疾为狼藉……狼藉犹纷错，害而不知，此医之昏愦瞀乱者矣。"

【疙瘩—疙疸—肐腊】

（a）唉，说到此处，不由的脑门子冒凉气，脊梁骨上起鸡皮疙瘩。[京话日报 1905.10.15-1]

（b）但是张建勋学使，腿上长疙疸，走路不便，不能一同起身，听说还得躭悞些日子。[京话日报 1906.07.24-3]

（c）阿莲进来，因道："奶奶看，莲官头上起了这么一个肐腊，怕是要长出疖子来了，可要带便请先生看一看？"[小说画报 1917（7）102]

按：清末民初，"疙瘩—疙疸—肐腊"为异形词，据杨琳考证，"疙瘩"的词源为"骨弹"，后来发生和谐音变，"弹"受"骨"（宋代读 ku）字音同化，丢失韵尾 n，读音变成 ta，字随音变，写作"瘩"，未发生同化的方言则写作"疸"，另一方面，ku 受 ta 的同化韵母变为 ɑ 或 ə。① "疙瘩"与"肐腊"记录同一个词，只是造字理据不同，它们用不同的表义符号对所表事物的不同属性进行描述，前者表示与病理相关，后者表示与身体相关。

【凤凰—凤皇】

（a）所以人有几等人，佛有几等佛，破老鸦当不得凤凰看待的，这些臭乡下人，配不上吃好肉的。[申报 1909.04.03-12]

（b）据说前朝降这谕旨，阔得交关呢，还用木头刻一只凤皇，凤皇口里即衔着这谕旨，名叫凤诏。[竞业旬报 1908（31）2]

按：清末民初，"凤凰"与"凤皇"为异形词，"凤皇"为古代传说中的百鸟之王，雄的叫凤，雌的叫皇，羽毛五色，声如箫乐，常用来象征瑞应。"皇"为传说中的雌凤。如《尔雅·释鸟》："鹛，凤，雌其皇。"《逸周书·王会》："巴人以比翼鸟，方炀以皇鸟。"孔晁注："皇鸟，配于凤者也。""凰"为"皇"的后起专用字，"凤"繁体作"鳳"，从鸟，凡声，受"凤"类化作用，"皇"写作"凰"。

【狡猾—狡滑】

（a）李志万看了谕单，忙即答应迁移，毫无张皇之色。其狡猾不亚黄朱臣，筹一笔租金到不为难。[中国白话报 1904（19）58]

（b）但这人很为野蛮骄傲，见直是下等人家孩子中的小将军，不知有什么法术，非常狡滑，别人不能做的事，他无一不能。[绣像小说 1904（32）8]

按：清末民初，"狡猾"与"狡滑"为异形词，表示"诡诈刁钻"。"滑"

---

① 杨琳. 俗语词本字考释二则 [J]. 南开语言学刊，2017（1）：91-98.

的本义为使光滑,《说文·水部》:"滑,利也。从水,骨声。"引申为油滑、浮滑、狡猾等义。"滑"在汉代就表示狡猾义,如汉·张衡《四愁诗》序:"奸滑行巧劫,皆密知名。""滑"可能受"犮"类化作用影响,后来分化出"猾"字,用于分担了"滑"的狡猾义,如《玉篇·犬部》:"猾,黠也。小儿多诈也。"由于职能分化并不彻底,在狡猾这个义位上,"猾"可以用作"滑"。

【糟蹋—糟塌—糟踏】

(a) 今天编辑,明天校对,辛辛苦苦,好容易出了一册,像这样糟蹋,岂不是白白的用了心血,徒徒的费了光阴吗?[安徽白话报 1909(1)3-4]

(b) 若是不换新机器,不重新修理,可惜这大的一个对象,白白的糟塌了。[大公报 1902.08.10-3]

(c) 诸位傻大哥,把这项钱捐在学堂不知要养成多少好子弟呢,无故的糟踏东西可惜不可惜?[京话日报 1906.04.22-4]

按:清末民初,"糟蹋""糟塌"与"糟踏"为异形词,表示"浪费、损坏"义,曾良认为"糟踏"又写作"嘈踏"(明刊本《三宝太监西洋记通俗演义》可见用例),是偏正式,"嘈"是个描状词,故"糟踏"的"糟"与"乱糟糟"的"糟"是同义的,均取混乱义。①清末民初白话报刊中,未见"嘈踏"词形,"糟"受"踏"影响,俗字又类化为"蹧","踏"是"蹋"的换旁俗字,《说文·足部》:"蹋,践也。"段注:"俗作踏。"又可换旁作"蹠","蹠"受"糟"影响,俗字又类化为"糙","糟"另有同音字"遭","蹋"受其影响,俗字又类化为"遏","遏"又可假借为"塌",由此组合构成的异形词除"糟蹋、糟塌、糟踏"外,另有"蹧蹋、蹧蹠、糟糙、蹧踏、遭踏、遭遏、糟榻、糟蹠、糟遏"等词形。

【王八—忘八—亡八】

(a) 我叫你一个人去,也有个缘故。我晓得你这个王八,素来是悭吝的,使用一钱也须八面看相。[申报 1908.02.24-12]

(b) 那妇人缩在败絮里只是抽抽咽咽的哭着,哭道:"前世不知作甚孽,随你这忘八一辈子,也没有出头日子哩!"[小说画报 1918(14)157]

(c) 我提着雀笼,也在边儿上走。这老亡八一晃一晃的碰到我身上来,把我雀笼碰在地下,成了两半个。[绣像小说 1904(30)2]

按:清末民初,"王八—忘八—亡八"为异形词,是詈词。关于其语源,杨琳认为"忘八""亡八"是本字,古人讲求"孝悌忠信礼义廉耻"八德,这

---

① 曾良. 明清小说俗字研究[M]. 北京:商务印书馆,2017:20.

八德立于宋代,在后世,统治阶级进一步将这八字作为治国方针宣传提倡,因为这八个字的排列顺序是固定的,"耻"是第八个字,因此"忘八""亡八"指忘了(或丢了)第八字,婉指"无耻",是"没廉耻"的另一种说法。明·佚名《新刻增校切用正音乡谈杂字大全》是一部方言与正音相对照的词语类编,其《人物门》与方言"无廉耻"相对应的正音为"臭亡八",这是"亡八"指"无廉耻"的明证。"忘八"写作"王八",为不明语源而做的错误联想。[①]"王八"是记音字,用"俗字"代替"雅字",是方言中的通俗写法。"亡"与"忘"具有同源关系。"忘"为"亡"的后起分化字,表示在记忆中亡佚。"亡""忘"最晚自宋代起在不少方言里已同音,或平声或去声。《中原音韵》里,"忘"字兼有阳平和去声,但《元曲选》只取去声的注音。这说明当时方言里"忘"字读阳平而在标准语里读去声。[②]在方言读音中,"亡""忘""王"均读为阳平,这为写作"王"创造了条件。

【伎俩—技俩】

(a) 你有本事就杀死我们变了,何必用这等鬼蜮伎俩,将本国的人骗来蹧蹋一场。[绣像小说1904(25)4]

(b) 后来听说这姓郭的到了四川官学堂里,又拿出那种狗贼卑污的技俩,要想把监督的权揽来。[中国白话报1904(21-24)151]

按:清末民初,"伎俩"与"技俩"为异形词,表示"手段、花招","伎俩"在宋以前的文献中主要指"技能、本领",元以后的文献中,"伎俩"又可表"手段、花招"义。[③]可见"技"为本字,而"伎"为借字。"伎"在汉代便可借用为表示技能义,如汉·司马相如《上书谏猎》:"虽有乌获、逢蒙之伎,力不得用。"

【低回—低徊】

(a) 泪眼凝波,愁眉锁翠,玉容浅淡,宝髻惺忪,宛转含情,低徊欲泣,红掩灵芸之泪。[申报1910.07.01-26]

(b) 看着褚小姐,穿着一身家常衣服,玉容惨淡,泪眼惺忪,芳泽无加,蛾眉不画,娇怯怯的弱不胜衣,幽怨可怜,低回欲泣。[申报1910.04.26-27]

按:清末民初,"低回"与"低徊"为异形词,表示回味,留恋地回顾。"徊"在《广韵》中为"户恢切",匣母灰韵平声字,与"回"读音相同,又

[①] 杨琳. 汉语俗语词词源研究[M]. 北京:商务印书馆,2020:512-514.

[②] 陈卫恒. 从文献资料看詈语"王八"的形成过程——兼与杨琳先生商榷[J]. 中国文化研究,2010(4):102-112.

[③] 张小艳. "伎俩"探源[J]. 历史语言学研究,2018(1):65-71.

写作"彽徊",《玉篇·彳部》:"彽徊,徘徊也。"

【硫磺—硫黄】

(a) 其法系将铜质利器烧热,一面加硫磺细末掺进去,等他热至合宜的度数后,便把他浸在胆矾水里头,就成功了。[中国白话报 1904(21—24)226]

(b) 依近年细菌学家的考验,谓硫黄虽有消灭微生物的力,但用在不完全的蚕室内未必全有效验。[竞业旬报 1906(4)21]

按:清末民初,"硫磺"与"硫黄"为异形词,由于单体硫呈现黄色,因此作"黄","磺"是后起专用字,因"硫"从"石",受其影响,"黄"类化为"磺",如清·赵翼《古诗》之八:"硝磺制火药,世乃无利兵。"

【哽咽—梗咽】

(a) 硜甫把学生的功课,整顿了一番,都上生书,听见他还是哽咽着,知道他是吃软不吃硬的,便叫个小学生去唤了他来。[绣像小说 1905(46)5]

(b) 忽然看见前面坐着一个衣服污敝、容色愁惨的人在那里梗咽流泪,便停住了不前。[小说画报 1917(6)52]

按:清末民初,"哽咽—梗咽"为异形词,本义为因哀痛而说话困难。《说文·口部》:"哽,语为舌所介也。""梗"与"哽"同源,有"阻塞"义。《管子·四时》:"修除神位,谨祷獘梗。"尹知章注:"梗,塞也。"故"梗塞"也合理据。

【搭讪—答讪—搭赸】

(a) 在那亭旁徘徊往复,欲与那女郎谈话,又不好启口,正在那里自言自语,或与几个小滑头搭讪。[申报 1908.08.10-12]

(b) 我们更不理他,他便答讪着走了。过了一会,他又走过来,站在我的身边,诉说他的苦况。[竞业旬报 1908(35)12]

(c) 招书办见他不说,吃过一开茶,便搭赸着走去,史湘泉同他是熟人,也不起身相送。[绣像小说 1903(2)4]

按:清末民初,"搭讪""答讪"与"搭赸"为异形词,指找寻话头借以开始攀谈,亦指无话找话进行敷衍或寒暄。"搭"有连接义,与"搭话""搭茬""搭腔"义同,"答"为"搭"的借字。"讪"的本义为毁谤、讥讽,《说文·言部》:"讪,谤也。"引申指羞愧,难为情。"赸"是"讪"的借字,如元·王实甫《西厢记》第三本第二折:"你也赸,我也赸;请先生休讪,早寻个酒阑人散。"

(二)音译异形词

清末民初,伴随着西学东渐浪潮,中国积极向西方国家学习先进的科学、技术、文化,国外的一些新事物、新概念源源不断地涌入中国,由于没有现成

25

的词汇表示，最省力的办法就是采取音译手段，即通过文字转写，把国外的音和义直接借过来。由于译者的方言背景不同，汉语同音字较多，选择汉字时具有很大的灵活性，加上当地方音影响，就会出现很多音译异形词，如：

【便士—辨士】

（a）入税金二磅则有选举权，而入税金一磅十九先零十一便士，英国币制二十先零为一磅，十二便士为一先零，则被摈黜，以区区一便士而遂被黜，其不公甚矣。[绣像小说1903（4）17]

（b）至光绪二十年间，每两规元祇值英二先令二辨士，金价升至四百二十余两，至此大有吸尽中国金银之态度。[申报1912.10.24-10]

按：清末民初，"便士"与"辨士"为异形词，是英文 pence 的音译形式，表示一种英国货币单位。由于汉字同音字众多，在记录"pen"这个音时，由于没有明确的规范，可以写作"便"，也可以写作"辨"。

【香槟—香宾】

（a）法国副领事，吃了一瓶香槟酒，有些醉意，便和劳航芥攀谈起来。起先说的英国话，劳航芥自然对答如流。[绣像小说1905（46）254]

（b）外国人见他慷慨信实，狠是喜欢，特把上等的香宾酒取出来，当面开了，斟满了一杯，亲手奉让。[京话日报1904.12.10-3]

按：清末民初，"香槟"与"香宾"为异形词，是 champagne 的音译形式，表示一种酒，"宾"与"槟"是"pagne"的对译形式。

【柏林—伯林】

（a）德俄的密约，已经议定，这皮匣内定是约稿，一定是专差送往柏林去签字的。[京话日报1904.08.25-3]

（b）德国巡洋舰赫拉号，本日十三日，被水雷击沉，溺水手多半。塞尔维亚兵队，屡见获胜，敌人由伯林击逃，弃粮食军装甚伙。[京话日报1914.09.18-3]

按：清末民初，"柏林"与"伯林"为异形词，是 Berlin 的音译词，其中，"柏/伯"是同音字，是"ber"的同音转写，清末民初是外来新词大量涌现的时期，外来译词处于草创时期，缺乏相应的规范，常词无定形。

【荷兰—和兰】

（a）广东张容轩京卿，久居南洋星加坡一带，曾充日里领事，荷兰人狠念他好处。[京话日报1904.09.29-3]

（b）因此颜色黑暗，样式粗丑，若要上等的磁器，须从和兰连求，或由日耳曼输入。[杭州白话报1902第二卷（5）10]

按：清末民初，"荷兰"与"和兰"为异形词，它们是国家名，均是音译词。英文为"Holland"，"荷"与"和"是"ho"的同音转写，二者为同音字，可相互替代。

【雪茄—雪加】

（a）刚达尔闻说也不说一声，噙着雪茄只顾慢慢的呼吸，其余三人耐心候着要听他说那火焰珠的故事。[申报 1914.05.01-14]

（b）意皇手指帐帖问他："你的面包该应卖几个本士？加非合雪加烟应卖多少先令？（先令本士都是钱名）合计起来该应多少？你怎么开了这些花账呀！"[京话日报 1905.07.11-5]

按：清末民初，"雪茄"与"雪加"为异形词，表示一种烟草制品，是外来音译词，译自英文"cigar"，用"茄"译"gar"，也符合上海音。"加"与"茄"为同音字。

【摩托—磨托】

（a）政客领得薪金罢，相将八埠访名花，乘摩托，一辆一辆驰灯下。[京话日报 1917.12.11-1]

（b）但愿寻得一个志同道合的人，与他合伙各出一半资本，开一家小小磨托车制造厂。[申报 1915.05.31-14]

按：清末民初，"摩托"与"磨托"为异形词，"摩托—磨托"译自英文"motor"，其中，"摩"与"磨"是"mo"的音译字。后来只保留"摩托"这一种音译形式。

【鸦片—雅片】

（a）闲时吃鸦片、斗骨牌、宿娼，弄得骨瘦筋疲比杨太真、赵飞燕还要柔弱，叫他杀敌御侮自然是不成功的了。[中国白话报 1904（12）1]

（b）斗然来了三四个广州人，赤了脚，穿一身不黄不黑的短裤褂，问他道："你吸雅片不吸？"[绣像小说 1904（24）1]

按：清末民初，"鸦片"与"雅片"为异形词，表示用罂粟果实中的乳状汁液制成的一种毒品。"鸦片"是英语"opium"的音译，清代以前就已经出现，如明·李时珍《本草纲目·穀二·阿芙蓉》："阿芙蓉，一名阿片，俗作鸦片，是罂粟花之津液也。""鸦"也可以写作"雅"。

异形成分有可能是音译加注词的音译部分，如：

【啤酒—皮酒】

（a）牛茶之后，侍者便开啤酒，拿上一个玻璃杯子，余小琴还怕不干净，在袖子里掏出手绢，擦了一擦，然后让他倒啤酒。[绣像小说 1905（54）293]

（b）我方才十一点钟时，在来纳克市小客栈内喝一皮酒，闻人说道来纳克树林里有一少年为人谋毙。[申报1912.03.30-3]

按：清末民初，"啤酒"和"皮酒"为异形词，是德文bier的音译加注词。"啤"与"皮"是"bi"的音译字，最初译为"皮酒"，后觉不妥，于1910年左右创造了"啤"字，译为"啤酒"。

【鲨鱼—沙鱼】

鲨音沙，生在海中，皮极厚，鳞不成片，一粒一粒嵌在皮里，磨平可以制器皿。沙鱼皮烟袋套，沙鱼皮刀鞘，都是此物，身体前宽后窄，嘴向下长，吞食的时候，翻身向上，时常喷出沙来，所以叫鲨，卵形儿是方的，却很柔软，翅子极大，如今吃的鱼翅鱼皮，都是鲨鱼身上长的。[京话日报1905.04.19-6]

按：清末民初，"鲨鱼"与"沙鱼"为异形词，是英文"shark"的音译词，"鲨"和"杀"是"shar"的音译字，"鲨"本为吹沙鱼，又名鮀，生活在溪涧中，如《诗·小雅·鱼丽》："鱼丽于罶，鳢鲨。"毛传："鲨，鮀也。"高亨注："鲨，小鱼名，圆而有点文，常张口吹沙。"《后汉书·马融传》："魴鱮鱏鳊，鳡鲤鳢鲨。"李贤注："鲨音沙，或作鲨。郭义恭《广志》曰：'吹沙鱼，大如指，沙中行。'"《京话日报》中所说明显为另一种鱼类，指一种生活在海中的鳃裂位于侧面的板鳃鱼类的通称。性凶猛，捕食其他鱼类。肉可食，肝可制鱼肝油，鳍干制成鱼翅，是名贵食品，皮可制装饰品或刀鞘。古代写作"鲨"，如明·屠本畯《闽中海错疏·鳞上》："鲨；虎鲨，头目凹而身有虎文。锯鲨，上唇长三四尺，两傍有齿如锯。狗鲨，头如狗。"后来"鲨"成为鲨鱼的专用字，鲨种类很多，有真鲨、虎鲨、星鲨、角鲨等。

【车站—车栈】

（a）这日有些乡下人，来趁火车，因火车开得快了，大家多趁不着，便与车站中人胡闹起来。[杭州白话报1901（6）10]

（b）天未晚，火车已抵特斐斯托客，有二人待于车栈中，其一身躯伟大，须发如狮毛，眼蓝而有光，即英国著名包探毂里郭勒也。[绣像小说1903（6）1]

按：清末民初，"车站""车栈"只有一个意义，表示客运、货运的停车处所，"车站"为英语station的意译，最初有多个不同的译名，既可写作"车站"，又可写作"车栈"。"站"本来是蒙古语"jam"的音译，原是"路"的意思，后来指停车处。《元史·兵志四》："元制，站赤者，驿传之译名也。盖以通达边情，布宣号令，古人所谓置邮而传命，未有重于此者焉。凡站，陆则以马以牛，或以驴、或以车，而水则以舟。其给驿传玺书，谓之铺马圣旨。""栈"可以表示住宿旅客或储存货物的房屋，如"客栈"指设备较简陋的旅馆，有的兼供客商堆货并代办转运，如《二十年目睹之怪现状》第二十一回："船已到了上海，泊了码头，一班挑夫、车夫，与及客栈里的接客伙友，都一哄上船，招揽生意。"随着火车站的修建，站台与海运码头功能相似，也是上下旅客、集装货物的场所，可以用本土词"栈"，也可以用外来音译词"站"。

（三）叹词异形词

叹词是表示感叹、呼应的词，其记词职能是记音，因此，用字十分不固定，在诸多字形中，叹词的异形形式多选用以"口"为偏旁的记音字，"用字的偏旁多给人以物质形态的暗示"[①]，因此叹词异形词大多从"口"，如：

【啊哟—阿哟】

（a）中玙听了，立刻就把脸放下来道："啊哟，这是那里说起，我哥哥在日，你们玩罢咧。"［绣像小说1905（55）1］

（b）阿哟，这不是见了鬼么。心中突突乱跳起来，三脚两步出了大门，回头一看，那里有什么房子，却仍旧是一条长江。［申报1908.03.15-12］

按：清末民初，"啊哟—阿哟"均为叹词，表示惊讶或赞叹。"阿"读作"ā"时也用作叹词，表示惊讶，如元·关汉卿《拜月亭》第二折："阿，从生来谁曾受他这般烦恼！"《儿女英雄传》第四十回："安太太听了，只吓得扔下牌，阿了一声。"在"啊哟—阿哟"一词中，"啊/阿"读作"ā"，"啊"写作"阿"属于同音替代。

【哎哟—唉哟—嗳哟】

（a）哎哟，闻得此人，乃奸臣之子，无恶不作，此来必无好意，如何是好？［申报1907.10.21-18］

（b）天老爷呀，怎么步兵在后马兵又兜抄在前呢，这不要了命么？唉哟，我伤了一枪子了，唉哟，我戳了一刺刀了。［安徽白话报1908（2）1］

（c）嗳哟，可怜啊，做百姓的大家都担了这个责任，安得不把偌大中国听凭外人当做西瓜分割呢？［中国白话报1903（2）4］

按：清末民初，"哎哟—唉哟—嗳哟"均可为叹词，表示埋怨、不耐烦、惊讶。用作叹词时，"嗳"同"哎"。"哎"写作"嗳"属于音同偏旁替换，《中原音韵》里大部分失去了辅音声母[ŋ]，变成零声母，因而和影母或喻母合流。

[①] 李行健，余志鸿. 现代汉语异形词研究[M]. 上海：上海辞书出版社，2005：217.

"艾"（疑母）和"爱"（影母）变得同音了，为"嗳"字出现创造了条件。如元·无名氏《陈州粜米》第一折："哎！量米又量的不平。"《老残游记》第七回："嗳！别哄我罢！我看你老很文雅，不能连这个也不知道。"《说文·口部》："唉，应也。"本义指应答之声，在"哎哟"中，"唉"假借为"哎"。

第二节　复合式异形词

复合式异形词是由两个或两个以上词素构成，清末民初复合式异形词数量众多，共计 254 个，占清末民初异形词总数的 63%，主要有五种构词方式：并列式、偏正式、动宾式、中补式、主谓式。

（一）并列式异形词

所谓并列式复合词，指的是异形词由两个在意义上并列的词根构成，其中一个是共有成分，另一个为异形成分，共有成分与异形成分呈并列关系，在构词中二者的地位和作用完全平等，不分主次。清末民初白话报刊并列式异形词较多，共 122 组，其中，异形成分与另一并列成分可能均是名词，有 11 组[①]，如：

【姻缘—因缘】

（a）柳巷胡同住户张某，年二十八岁，凭院邻王某等为媒，说了位后婚老婆景姓妇，年六十一岁，已于十八日夜内迎娶过门，这段奇巧姻缘，实在罕闻。[京话日报 1917.11.21-3]

（b）自我嫁到你家，穿没有，吃也没有，也不知前世作了甚孽，这世才做了这段因缘呢？[大公报 1919.08.12-11]

按：清末民初，"姻缘"与"因缘"皆指婚姻的缘分，"因"通"姻"，"因缘"即"姻缘"，"因缘"本为佛教术语，在产生"果"的时候，"因"是起主要直接作用的条件，"缘"是起间接辅助作用的条件，合在一起成"因缘"，指事物产生、变化和毁灭的根据和条件，也指事情的原因、缘故。[②]"因缘"泛指人与人之间的机缘、缘分，由于文字通假，"因缘"偶用作"姻缘"，特指男女间的情缘。现代汉语中，男女之间用作"姻缘"，其他缘分用作"因缘"，二者实现了分工。

[①] 下面列举 10 组，另有"神采—神彩"见于第四章《双向异形词》一节。
[②] 曹志彪，何伟渔. 词辨百话 [M]. 上海：上海文化出版社，2018：176.

第二章 清末民初双音节异形词汇考

【缘故—原故】

（a）这种热空气升到高处,高处的冷空气降至地面,逐渐受热,逐渐升高,冷气替换,毫不停息,这就是空气有冷热的缘故哩。[安徽俗话报 1904（18）3]

（b）所以妇女有经水的大病,和那白带白淫等病症,没有一个不是头昏颠倒的,这就是脑筋里的原故。[申报 1905.06.13-6]

按:清末民初,"缘故"与"原故"为异形词,"原"与"故"为同义连用。"原"的本义为水泉之本,引申为根本、本原,"故"的本义为缘故、原因。《说文·攴部》:"故,使为之也。"段注:"今俗云原故是也。""缘"的本义为衣服的饰边,《说文·糸部》:"缘,衣纯也。"泛指边缘,再引申指缘分、因缘,又引申指原故、理由,如汉·桓宽《盐铁论·刑德》:"故轻之为重,浅之为深,有缘而然。"汉·王充《论衡·本性》:"然而性善之论,亦有所缘。""缘故"的"缘"为原故、理由义。与"故"同义并列。

【知识—智识】

（a）所请的主笔,都是海内文坛,数一数二的健将,这不是开通风气,输入知识的个机关么![安徽白话报 1908（1）2]

（b）自己非但不觉,倒说前生所定这是什么缘故呢,这就是你们没有学问,缺少智识,容易受欺的缘故。[大公报 1910.08.15-5]

按:清末民初,"知识"与"智识"为异形词,"智"在商代就已经出现,西周时期其形体累加"甘"形,最初是记录"知道、了解"义,后引申为"聪明、智慧"义,春秋战国时期开始出现字形"知"。"知"和"智"为异体通用的关系。[①]二者都有知道、了解义,如《孟子·梁惠王上》:"王如知此,则无望民之多于邻国也。"南朝梁·刘勰《文心雕龙·序志》:"生也有涯,无涯惟智。"后来"知"和"智"的读音和意义都有了分工。

【俸禄—奉禄】

（a）我们做官的不能庇护他们,已经说不过去,如今反帮着别人,折磨他们,真正枉吃了朝廷俸禄。[绣像小说 1903（2）7]

（b）虽然也有个差使,从不肯去当,白食了国家奉禄,问问自己的良心,实在不安。[京话日报 1905.08.04—2]

按:清末民初,"俸禄"与"奉禄"为异形词,表示"官吏的薪水"。"奉"甲骨文作"🪙",像是双手把禾麦奉献给神祖之形。金文写法为"🪙",上面

[①] 林志强,林婧筠."知""智"关系补说[J].汉字汉语研究,2019（4）:55-61.

的"禾"讹变成"丰",变成了从収,丰声,隶变作"恭","収"本是左右两只手,秦文字又累增"手"旁,作"奉"。《说文·廾部》:"奉,承也。从手,从廾,丰声。"表示捧承之义,是"捧"的初文。"奉"的"供奉、祭祀"义引申为"供给、供养",又由"供给、供养"引申为"用度,给养",特指"俸禄",指朝廷发给官吏的生活费用,或官吏从朝廷所受的生活所需。这个意义后来由"俸"承担。宋·徐铉新校订《说文解字》补录"俸"字,云:"俸,本祗作奉。古为之奉禄,后人加人。""禄"亦有俸给义。如《易·夬》:"君子以施禄及下,居德则忌。""俸禄"为同义连用。

【形象—形像】

(a) 一是射影灯,能把画中形象,全射出来,现在做影戏的人,都用着这种器具。[杭州白话报 1902 (30) 27]

(b) 有人在法兰西国山洞中地底里得了鹿角一片,一面刻个咒头,……又有一个是在熊的牙齿上面刻个鱼儿的形像。[中国白话报 1903 (4) 14]

按:清末民初,"形象"与"形像"为异形词,指形状、样子,"象"的本义为大鼻子象,《说文·象部》:"象,长鼻牙,南越大兽,三季一乳,象耳牙四足之形。"引申指形象、现象,如《素问·五藏生成论》:"五藏之象,可以类推。""像"是"象"的后起分化字,"像"也可以表示形象、形状义,如《楚辞·天问》:"冯翼惟像,何以识之?"洪兴祖补注:《淮南》曰……'古未有天地之时,惟像无形,窈窈冥冥,芒芠漠闵,澒蒙鸿洞,莫知其门。'"故可相互通用。

【厉害—利害】

(a) 本朝的定制,太监不能干预外事,虽然比明朝好些,但是那几个有权的太监,倒也狠厉害。[杭州白话报 1902 (30) 56]

(b) 正欲续说,忽然一阵咳嗽非常利害,顿时脸上火也似的红着,即忙替他摩抚背部。[小说画报 1918 (16) 55]

按:清末民初,"厉害—利害"均可用作形容词,表示凶猛,难以对付或忍受。"利害"较为早出,本为并列式短语,最早见于《周易·系辞下》:"情伪相感而利害生。""利害"表示利益与损害,其中,"利"和"害"是两个独立的意义相反的单音名词。汉魏时期,"利害"发生了词汇化,主要表现为意义结合更为紧密,语音也发生了变化,后一个音节读轻声。主要有两个词性:(1) 演变成为抽象名词,当"利害"和"损害"为基础,概指由此到彼的整个事象时,产生了整体的意义"情况""形势",成为一个反义并列双音词。(2) 演变成形容词,无论是"利",还是"害",必须是最能打动对方的,对于对方在当时情形下做出决定起至关重要作用的、最为关键的方面。这就使得"利害"的语义逐渐向着"重要""紧要""关键"等形容词义发展。①形容词"利害"首见于元杂剧的宾白部分，仅此一例，《西厢记》第五本第一折："往常也曾不快，将息便可，不似这一场清减得十分利害。"而广泛见于明代文献中。由于"利害"词义负担过重，既可表并列式短语，还兼有名词和形容词两种功能，因此用后起词形"厉害"分担"利害"的形容词用法，以达到减荷的目的。

【创痍—疮痍】

（a）我邦自从披旁列沙大败以来，民困未苏，创痍未复。[绣像小说1903（8）1]

（b）既做了外人的顺民，又要做同类的鱼肉，满身都是荆棘，遍体都是疮痍。[竞业旬报1909（38）41]

按：清末民初，"疮痍"与"创痍"为异形词，表示"创伤"义。"创"的本字为"刅"，金文作"𢦏"，本义为用刀砍劈，后来另加声符"仓"作"劎"，异体作"剏"或"創"（后简化作"创"），会造法创业之义。劈砍义引申为疮伤、伤害，这个意义后来写作"疮"，引申指皮肤或黏膜上发生溃烂的疾病，"创"和"疮"为古今字。

【畜生—畜牲】

（a）你看人管畜生，把圈给他住，把草给他吃，行路的时侯，拿鞭子敲他，打他，要他东就是东，要他西就是西。[安徽俗话报1904（11）39]

（b）不论男女孩子，到了八岁，都要进学堂，受普通的教育，原为是人与畜牲分别，只在学与不学。[京话日报1904.10.23-1]

按：清末民初，"畜生"与"畜牲"为异形词，"畜牲"为同义复词，"畜"与"牲"均指牛、马、羊、鸡、狗、猪等六畜。《说文·田部》："畜，田畜也。"段注："田畜为力田之蓄积也……俗用畜为六畜字。""牲"的本义为古代供祭祀用的全牛全羊，《说文·牛部》："牲，牛完全。"引申泛指祭祀或食用的家畜，又引申指六畜，《左传·僖公十九年》："古者六畜不相为用。"孔颖达疏："《尔雅·释畜》：'马、牛、羊、豕、犬、鸡谓之六畜。'《周礼》谓之六牲。养之曰畜，用之曰牲，其实一物也。""生"为"牲"的同音假借字。

【本事—本势】

（a）若论他教书的本事，就是四书，还要教几个别子，这种的先生，人人都说他是不好，却真真是不好。[安徽俗话报1904（1）23]

---

① 丁喜霞.中古常用并列双音词的成词和演变研究[M].北京：语文出版社，2006：316-318.

（b）比如一家，有亲兄弟四个，三个有本势的，一个不务正业，或是因为六根不全，不能做事……[京话日报 1905.09.24-1]

按：清末民初，"本事—本势"为异形词，表示"本领、技能"义。现代汉语中，仅有"本事"一形，"本势"已被淘汰。本字当作"本势"，曾良认为"本势"的"势"，取架势、手势的"势"的含义，也即技术、技巧。"势"有架势、姿势义，如"势子、招势、架势、姿势"，后来引申为本领、技能。[①]"势"的本领、技能义虽然未发现单用的用例，但在复合词中常见。如"比势"，表示比本领，比技巧，如《南史·到溉传》："溉弈棋入第六品，常与朱异、韦黯于御坐校棋比势，复局不差一道。""把势"指专精一种技术，手艺或有能耐的人。字又作"把式"，来源于元代所常见的师傅一语的蒙古语之"八合识"的简写。[②]后来亦引申有本领义，如康濯《春种秋收·工人张飞虎》："你若说：'张飞虎，你把式真不赖！'他便笑着说：'可别客气！没能耐，多多包涵！'""本事"的"事"当为近音借字。由于"本事"通行时间长，使用频率高，一直沿用到现代汉语中，而本字"本势"则被弃用。

【分量—分两】

（a）要说模子刻深，分量就大了，不妨再把模子口刮下一层去，那分量就不吃亏了。[大公报 1902.09.19-3]

（b）除了前次所记那纸的分两外，其余还有多少分两都是蚁毛的分两了。[中国白话报 1903（1）39]

按：清末民初，"分量"与"分两"为异形词，表示分量，轻重，"分两"为同义连用，表示一分一两，"量"通"两"，《敦煌变文集·祇园因由记》："此则门当户对，要马百疋，黄金千量。"王庆菽校记引周一良曰："'量'即'两'字，唐人为避'雨''两'之易混淆，常以'量'代'两'。"

异形成分与另一并列成分可能均为动词，有86组[③]，如：

【花费—化费】

（a）这男家若是盐商富户，嫁妆再阔些，这项花费，比赔兵费还烈害，大概二三十抬嫁妆，没有一百块钱，你是了不下来的。[大公报 1904.01.27-3]

---

① 曾良.明清通俗小说语汇研究[M].南昌：江西教育出版社，2009：11.

② 刘铭恕.现代汉语中的一个蒙古语——把式[J].郑州大学学报（哲学社会科学版），1983（4）：119-121.

③ 以下列举74组，另有"辩论—辨论、辩驳—辨驳、分辨—分辩、争辩—争辨、包含—包涵、包涵—包含、涵容—含容、反复—反覆、答复—答覆、禀复—禀覆、玩耍—顽耍、玩笑—顽笑"见于第四章。

（b）一分重礼，外国人虽然没收，他老人家却是分文未曾化费，分派已定，方才进来同师爷商量。[绣像小说 1903（11）56]

按：清末民初，"花费"与"化费"为异形词，表示消耗钱财义。"花"与"化"均有耗费、消耗义，如《老残游记》第五回："但能救得三人性命，无论花多少钱都愿意！"《二十年目睹之怪现状》第三回："这土老儿化了几块洋钱，就住了一夜。"

【安排—按排】

（a）那时戴先生早在里面布置一切讲堂卧室，都安排得十分齐整。[中国白话报 1903（3）50]

（b）这不是猪圈是什么呢？前时中国没有卫生局，是不知道卫生，近来既花这份钱，就不看看人家租界里是怎么按排的么？[大公报 1911.08.07-6]

按：清末民初，"安排"与"按排"为异形词，表示安放，妥善布置。"安"有安放、安置之义，"排"亦有安排，准备义，如《庄子·大宗师》："献笑不及排。"陈鼓应注引林希逸曰："此笑出于自然，何待安排！""安排"为同义并列，因为"安排"为动作，受用字心理的影响，"安排"的"安"又被写作"按"。在明代文献中，就可见"按排"词形，如《绣像金瓶梅词话》第一回："自从武松搬来哥家里住，取些银子出来与武大，交买饼馓茶果，请那两边邻舍。都闻分子，来与武松人情。武大又按排了回席，却不在话下。"

【抱怨—报怨】

（a）晓得我是初到这里，又不懂他们的说话，也不派个人来给我招呼，满嘴里叽哩咕噜的，抱怨个不住。[申报 1907.11.09-18]

（b）主儿稍有个不好，他还要背地里报怨呢，怎么想家道兴隆呢？[京话日报 1905.10.24-1]

按：清末民初，"抱怨"和"报怨"均可表示"埋怨"义。二者各有理据，"抱"表示"怀有、藏有"义，如明·高启《怀徐七》诗："忧来不成言，满抱空戚戚。""报"有"生出、发出"之义，如《全唐诗》卷八〇一刘媛《句》："春风报梅柳，一夜发南枝。"《全宋词》无名氏《十月梅》："千林凋尽，一阳未报，已绽南枝。""报怨"即生怨，即埋怨。

【恻隐—侧隐】

（a）诸位善士，大发恻隐之心，捐款放账，有舍米的，有舍席的，有舍钱的，救急的法子，只好如此。[京话日报 1905.11.22-4]

（b）但祇侧隐之心，人皆有之。立在堂前眺望的檀柯，远远瞥见了这不平之事，飞步赶上，举起铁锤般拳头，大喝一声，冲开一条大路，如入无人之

境。[绣像小说1904（39）33-37]

按：清末民初，"恻隐"与"侧隐"为异形词，表示"同情、怜悯"义，"恻"的本义为"悲伤、悲痛"。《易·井》："井渫不食，为我心恻。"孔颖达疏："井渫而不见食，犹人修己全洁而不见用，使我心中恻怆。"引申为"同情、怜悯"，"隐"亦有"哀怜、同情"义，如《孟子·梁惠王上》："王若隐其无罪而就死地，则牛羊何择焉？"赵岐注："隐，痛也。"杨伯峻注："哀痛，可怜。""恻隐"为同义连用，又写作"侧隐"，是同音借用。

【勉强—免强】

（a）吓得那小孩子们，心里糊胡涂涂，口里呢呢喃喃，也不知到怎么是错，怎么是不错，勉强拿着书来背。[安徽俗话报1904（1）24]

（b）有一天被朋友所约，因为是一场衣官局，不愿意去，后来三番两次的催，只得免强一行。[京话日报1905.03.12-1]

按：清末民初，"勉强"与"免强"为异形词，表示"能力不够，还尽力做"。"勉"的本义为勉强，《说文·力部》："勉，强也。"《书·盘庚上》："各长于厥居，勉出乃力，听予一人之作猷。""勉"与"免"上古音读音相同，都是元母明部字。先秦时期，"勉"就可写作"免"，如《吕氏春秋·辩土》："免耕杀匿，使农事得。"许维遹集释引孙诒让曰："当读勉耕杀慝。免勉、匿慝，声类并同。"

【防备—妨备】

（a）譬如要保护我们的住宅，防备盗贼侵犯，必须先要保护藩篱及围墙的，若把藩篱同围墙拆去，那就要保不牢住宅里的厅堂内室了。[大公报1912.11.05-9]

（b）有一件好，是大家的好，有一件歹，就是大家的歹，你不要光看着眼前，也该把将来的祸害，预先妨备妨备才好呢！[中国白话报1903（1）6]

按：清末民初，"防备"和"妨备"为异形词。"防"的本义为堤坝，《说文·阜部》："防，堤也。"后来引申为防御、防卫义。"防"写作"妨"，属于同音借用。"备"亦有防备、戒备义，如《孙子·计篇》："攻其无备，出其不意。""防备"为同义并列。

【检阅—捡阅】

（a）顺天府沈京兆，对于报纸，甚为注重，现在本署，设立阅报室一处，派有专员，检阅各种报纸。[京话日报1914.08.31-4]

（b）陆军部的侍郎荫昌，上次在马厂捡阅陆军账目，到今日还未咨部，尚书铁良授意把司官某，教他紧催。[竞业旬报1908（29）42]

按：清末民初，"检阅"与"捡阅"为异形词，表示检查、察看义。《说文·木部》："检，书署也。""检"的本义为古代封书的题签，即以木为函，再题署函上，加以封闭，使不得随意开启。引申指限制、约束，又引申为考查、察验。如《汉书·食货志下》："均官有以考检厥实，用其本贾取之，毋令折钱。""捡"的本义为拱手，引申为约束，《集韵·琰部》："捡，束也。"《正字通·手部》："捡，束也，拘也。"后也引申为清理、察看义。如北魏·郦道元《水经注·夏水》："捡其碑题，云故西戎令范君之墓。"《晋书·周𫖮传》："导（王导）后料捡中书故事，见𫖮表救己，殷勤款至。"

【提防—隄防—堤防】

（a）李老爷爬到窗棂上面，从背后偷看。黄阿英并没提防，忽然拿起镜子来照，才见这里头有李老爷的影子。[绣像小说1904（32）1-2]

（b）你们想这枝兵，是保护我呢，还是隄防我呢？原来是堤防我的。那晓得这枝兵内。有几个极无赖的。不听将军号令。[绣像小说1903（8）1]

（c）沈晓宜正要出门，一个人气急慌忙的走进来，却不堤防和沈晓宜撞个满怀。[小说画报1919（22）71]

按：清末民初，"提防—隄防—堤防"为异形词，表示"管束、防备"义，其本字当为"隄防"，"隄"的本义为沿江河湖海用土石等修成的挡水建筑物。《说文·阜部》："隄，唐也。"段注："唐，塘，正俗字。隄与唐得互为训者，犹陂与池得互为训也。其实窊者为池为唐，障其外者为陂为隄。""堤"的本义为滞。《说文·土部》："堤，滞也。"段注："俗用堤为隄。"《左传·襄公二十六年》："初，宋芮司徒生女子，赤而毛，弃诸堤下。"陆德明释文："堤，亦作隄。"用作防水建筑义的"堤"是"隄"的换旁俗字。"堤"从土，"隄"从阜，阜为土山，土旁与阜旁意义相通，俗字中可以相互换用，如《正字通·山部》："山，本部与土、阜、石三部通者，并互见。"《礼记·坊记》："大为之坊，民犹逾之。"孔颖达疏："坊字或土旁为之，或阜旁为之，古通用也。""堤防"由防水的建筑物引申为防范、防备。"但在作动词时人们觉得俗写'提防'的'提'，用'扌'旁似乎标明动作，故流行开来。"[1] 在现代汉语中，"提防"成为规范词形，是"俗字颠覆了正字"[2]，即使如此，还是延续了"隄防""堤防"的读音。

---

[1] 曾良. 明清小说俗字研究 [M]. 北京：商务印书馆，2017：26-27.

[2] 曾良. 明清小说俗字研究 [M]. 北京：商务印书馆，2017：27.

【竖立—树立】

（a）此番所用虽说是轻便电机，也有四五丈高的电杆，竖立起来殊非易事。[大公报1917.08.29-9]

（b）日人因修造铁路，树立电杆，往往毁城墙，刨坟墓，拆房屋，将军概不能问。[京话日报1906.02.20-2]

按：清末民初，"竖立"与"树立"为异形词，表示"使东西与地面垂直"。"树"的本义为种植，《说文·木部》："树，生植之总名。"《广雅·释地》："树，种也。"后来"树"引申为树立、建立，如《史记·李斯列传》："建翠凤之旗，树灵鼍之鼓。""竖"的本义为奴仆，后假借指竖立，引申为垂直、纵贯。"竖"与"树"是一般与特指的关系，"树"特指把植物竖着栽，其引申义也与"竖"相关，《汉书·扬雄传下》："皆稽颡树颔，扶服蛾伏。"颜师古注："如淳曰：'叩头时项下向，则颔树上向也。'树，竖也。"

【驾驭—驾御】

（a）他对人说："妻子是最要驾驭的一样东西，会驾驭便驯服，如小洋狗一般，不会驾驭便成了河东狮子、胭脂老虎了。"[小说画报1918（14）36]

（b）那中学堂的校长是族中一位寒儒，……他是前清两榜出身，笔下很来得，新知识也还去得过，但是一件赋性懦弱、不善驾御。[小说画报1917（3）164]

按：清末民初，"驾驭"与"驾御"为异形词，表示"驱使、控制"义，本义为驾驭车马，在驾驭这个意义上，"驭"和"御"为异体字，"驭"的金文字形为"🐎"，从马，""为古鞭形，会策马之义。"御"的甲骨文字形为""，右面是人形，左面为驾车工具，会驾车之义，二者皆为会意字，《说文·彳部》："御，使马也。从彳，从卸。驭，古文御。"

【担待—耽待—躭待—躭代】

（a）唉，吾再不道外国人打仗，却连累我们几个苦百姓，替他担待痛苦，真是梦中也想不到的。[大公报1914.09.18-9]

（b）近来又出了一桩笑话，邱人头收租本来是极凶狠的，今年有几个佃户想求他宽减，说："我们是遵照新政府的命令还八成，你老人家耽待罢。"[申报1912.02.05-8]

（c）否则难道独俺家爷爷则年老可怜，如老丈便该当作别论不成？横竖有小生躭待责任。[申报1914.10.17-13]

（d）孙友德道："那如何能呢？我是一力担肩来的，只求头儿们躭代点罢！"吴良摇头道："做不到，做不到。"[绣像小说1905（52）2]

按：清末民初，"担待"与"耽待、躭待、躭代"为异形词，表示原谅义，"担待"的本字当为"担戴"，"担"表示用肩挑，"戴"表示用头顶，"担"的繁体作"擔"，本字为"儋"，《说文·人部》："儋，何也。从人，詹声。""何"甲骨文为𠂇，像人用肩担物，担荷的主体为人，故从人旁，担荷为动作，故从手旁，"儋"写作"担（擔）"属于意近偏旁换用，后来该意义由"担（擔）"表示。"躭"为"担"的换旁俗字，"担"之所以可以写作"躭"，从声符来看，"詹"和"尤"旁的字常可相互换用，从形旁看，改手旁为身旁，更能体现出以身荷担之义。"担"俗用作"躭"早在敦煌文献可见，敦煌写本伯2418号《父母恩重经讲经文》屡见"怀躭"一词，犹"怀担"，指妇女担身孕。"躭"又可写作"耽"。

【耽搁—躭搁—担搁—耽阁—躭阁—担阁】

（a）会长因有要事，特派小可巡行长江湖广一带，祇是令急如火，大约耽搁一两日，便要起程西行。[杭州白话报 1903（7）31]

（b）地保有心讨好，便道："尊驾如果实在舍他不得，小弟情愿效劳。"邢兴听了，深深一揖，因为此事，特地在乡下躭搁了一日。[绣像小说 1904（37）2]

（c）（九）厦门一切游娼妓女，都赶开去，不许在厦门担搁。[竞业旬报 1908（28）52]

（d）好容易盼到动身，又是绕走芦汉铁路，听说沿路还要耽阁，驾到西藏的日期，还是远哉遥遥。[京话日报 1905.01.16-3]

（e）顷刻间到了天津，在紫竹林相近拣所大旅馆，躭阁了数天。[申报 1912.08.19-9]

（f）据兄弟看来，也不宜担阁，趁早安顿好了家眷，上过谢恩折子，就到任去罢。[绣像小说 1906（67）1]

按：清末民初，"耽搁—躭搁—担搁—耽阁—躭阁—担阁"为异形词，表示"停留"义，本字当为"耽阁"，"耽"有"玩乐，沉湎"义，如《诗·卫风·氓》："于嗟女兮，无与士耽。"毛传："耽，乐也。"引申指"停留、延迟"。"阁"的本义为安装在门扇旁防止自动闭阁的长橛。《说文·门部》："阁，所以止扉也。"段注："阁木训直橛，所以扞格者。引申之，横者可以庋（置放）物曰阁。……阁字之义如此，故凡止而不行皆得谓之阁。""耽"写作"躭""担"，属于同音借用，而"搁"是"阁"的后起分化字，今表搁置义多用"搁"，而不用"阁"。

39

【盘踞—蟠踞—盘据】

（a）究竟女子性情对于这等事上头自信力最坚，一时不易动的，虽移转了二三分，尚有七八分，抵死也似盘踞着心上。[小说画报 1918（14）34]

（b）狄郎的士党蟠踞内阁，不当放弃责任。[中国白话报 1904（13）42]

（c）本校为已革出之学生盘据以来，秩序紊乱已极，本应切实整顿，奈革生倡率气势汹汹，本校之教育行政，已归无权。[竞业旬报 1908（29）57]

按：清末民初，"盘踞""蟠踞"与"盘据"为异形词，表示"盘结据守、占据"。"盘踞—蟠踞"为并列结构，"盘"与"蟠"同义，也具有盘绕义，"盘"本指扁而圆的器皿，因其形圆，引申为回旋盘绕义，"蟠"本义为盘绕，如汉·扬雄《法言·问神》："龙蟠于泥，蚖其肆矣。"《广雅·释诂》："蟠，曲也。""踞"的本义为蹲踞，引申为盘据、盘屈，如宋·洪迈《夷坚丁志·京西田中蛇》："闻屋侧喀喀作声，趋而视，则有蛇踞屋上。"又引申为占据，"据"为"據"的简体字，表示依仗、根据，引申指占据，处于。"据"与"踞"在占据义上相通，因此可以相互通用。

【摹绘—模绘】

（a）这晚就在慕隐房里，信笔写去，不到一个钟头，已经脱稿。这篇传，真是把两人的侠烈，摹绘出来。[绣像小说 1905（48）2]

（b）具着这一肚子的爱国热诚，却是无泪可挥，无人可诉。没奈何只得做一部小说出来，把这斑人的现状，细细的模绘一番。[申报 1910.02.17-26]

按：清末民初，"摹绘"与"模绘"为异形词，表示"描绘，依样绘制"义。"模"和"摹"都表示效仿，《说文·木部》："模，法也。"段注："以木曰模，以竹曰笵，以金曰镕，以土曰型，皆法也。"引申为仿照、效法。《说文·手部》："摹，规也。"段注："规者，有法度也。以法度度之亦曰规。……摹与模义略同。"引申为仿照、仿效。可见，"模"与"摹"在动词用法上有相通之处。

【盈余—赢余】

（a）广东铸造银铜各元，除去历年的局费，向来就很有盈余，从去年又加上夜班，添造铜元，比从前的余利更大。[京话日报 1905.03.04-3]

（b）本报逐年进欵，除报馆各项开支及付股息外，其赢余作为红利，分十成均配，以四成储为公积，……[竞业旬报 1908（15）66]

按：清末民初，"盈余"与"赢余"为异形词，表示"收入中除去开支后的剩余"。"赢"本义为经商有盈利，《说文·贝部》："赢，贾有余利也。"引申指利润，《战国策·秦策五》："归而谓父曰：'耕田之利几倍？'曰：'十倍。''珠玉之赢几倍？'曰：'百倍。'"引申指超出，多出。"盈"的本义为器满，《说文·皿部》："盈，满器也。从皿、夃。"引申出众多，又引申出超过义，如南朝宋·鲍照《苦热行》："丹蛇踰百尺，玄蜂盈十围。""盈"以"夃"为偏旁，"夃"指买卖多得利，《说文·夊部》："夃，秦以市买（卖）多得为夃。从乃，从夊。益至也。""盈余—赢余"中，"盈"和"赢"均有"多出、有余"这一引申义。

【抵挡—敌挡】

（a）俄兵力量已乏，怕要抵挡不住，听西人说这几天里头，旅顺口必要到日本人之手。[京话日报 1904.08.16-4]

（b）知道秦人立志不凡，非各国联络起来，不能敌挡秦国，于是各国的谋臣说客，议论纷纷。[安徽俗话报 1904（18）5]

按：清末民初，"抵挡"与"敌挡"并存共用，"抵挡"为并列结构，"抵"与"挡"同义并列，表示抵抗，《汉语大词典》未收"敌挡"一词，其实，"敌"亦有"挡"义，如《左传·哀公十五年》："大子闻之，惧，下石乞、孟黡敌子路。"杜预注："敌，当也。"三国魏·曹植《与司马仲达书》："若可得挑致，则吾一旅之卒足以敌之矣！""敌挡"连用始见于清代，如《济公全传》第一百九十四回："急的顾国章一跺脚，自己一想：'济公、雷鸣、陈亮，大概是没命了。这老道再出来，谁能敌挡的了？'"《歧路灯》第三十三回："又咬了两定，只见一个渐渐敌挡不住，一翅儿飞到圈外。"

【愤怒—忿怒】

（a）今被王英一番说话，驳得他有口难开，心中十分愤怒。圆真两只怪眼对王英望着，要想发作，又无说话驳他。[申报 1908.08.16-12]

（b）且说这次德国兵丁，受了意外之祸，更加忿怒，节外生枝。在北方横七竖八，吵得个直隶、山西、山东一带民人鸡犬不宁。[绣像小说 1903（15）2]

按：清末民初，"愤怒"与"忿怒"为异形词，表示"气愤"，《说文·心部》收录"忿""愤"二字，"忿，悁也。"又"愤，懑也。"段注："忿与愤义不同，愤以气盈为义，忿以悁急为义。"但"忿""愤"语义存在相通之处，气盈和悁急都可以致怒，故二者均引申为"愤怒、怨恨"义，如战国楚·宋玉《大言赋》："壮士愤兮绝天维，北斗戾兮太山夷。"汉·邹阳《狱中上书自明》："此鲍焦所以忿于世，而不留富贵之乐也。"《广韵》中"忿"为奉母吻韵上声字，"愤"为敷母吻韵上声字，在《中原音韵》中，中古上声字的全浊声母变成了去声，"忿""愤"变成了真文韵的去声字，读音变得相同。

【屈服—屈伏】

（a）独立的意思有两样，一样是自己有力量，不倚靠别人；一样是有主权，不屈服别人。[大公报1903.06.11-3]

（b）礼洛笑道："要我屈伏你们，变了宗旨，那是万万不行。须知我笪礼洛不是虎头蛇尾的人。"[绣像小说1904（31）24]

按：清末民初，"屈服"与"屈伏"为异形词，表示"降服、折服"，"屈服"一词中，"服"表示服从义，"伏""服"上古音相同，都是并母职部字。在汉代，"伏"就被借用为"佩服、服气"义，如《史记·项羽本纪》："有一人不得用，自言于梁。梁曰：'前时某丧使公主某事，不能办，以此不任用公。'众乃皆伏。"唐朝就有"屈伏"这一词形，如《晋书·刘曜载记》："为之拜者，屈伏于人也。"

【委屈—委曲】

（a）仆欧听了，心上虽然委屈，但看他是个西洋人，又不敢一定和他顶撞，只得撅着个嘴，抱着被褥出去。[申报1907.10.27-18]

（b）到这烟馆里，狂抽了一会，又乱吃了一会，他的肚子，这才不受委曲。[绣像小说1903（7）3]

按：清末民初，"委屈"与"委曲"为异形词，表示受到不应有的指责或待遇而心里难过。"曲"的本义为弯曲，《说文·曲部》："曲，象器曲受物之形。"引申为屈辱、冤枉，如《汉书·鲍宣传》："以苟容曲从为贤，以拱默尸禄为智。""屈"的本义为尾巴盘曲于身后，《说文·尾部》："屈，无尾也。"引申为使弯曲，盘曲，又引申为低头屈服，也指委屈，冤屈。如《史记·老子韩非列传》："径省其辞，则不知而屈之。"司马贞索隐："谓人主意在文华，而说者但径捷省畧其辞，则以说者为无知见屈辱也。"可见，"屈"与"曲"在委屈义上是相通的。

【调转—掉转】

（a）但看看风头不对，快些调转来就是了，总要从上头硬起，单靠地方官，是没用的。[绣像小说1904（27）155]

（b）唉，郭侍郎在政务处不过当了一个提调差使，怎么样能够把这些守旧大臣的心思掉转过来呢？[杭州白话报1902第二卷（6）1]

按：清末民初，"调转"与"掉转"为异形词，表示"改变成相反的方向"义。"掉转"为同义连用，"掉"有回转、更换的意思，如前蜀·韦庄《观猎》诗："直到四郊高鸟尽，掉鞍齐向国门归。""调"为调动、调换义，"调转"表示调动并转换。"调转"明代文献中已见，如《水浒传》第四回："智深等了一回，调转身来，看着右边金刚。"

【拨弄—播弄—簸弄】

（a）浙江绅士，差一点就入了这个圈套，俄人如样的冒坏，真会拨弄是非[京话日报 1905.08.18-2]

（b）便是兄弟果然和睦，兄弟以外，还有许多人，要播弄得兄弟不和睦，第一是娶进来的妇人……[杭州白话报 1901（21）1-2]

（c）我如今想起来，他那妒忌的心这么利害，若不是两下走开，不知要把我簸弄到什么地步呢。[绣像小说 1904（24）44]

按：清末民初，"拨弄""播弄"与"簸弄"为异形词，表示"搬弄，挑拨"义，"拨"与"播"是不同的动作，"拨"指用手脚或棍棒横着用力，使东西移动，"播"除了表示播种外，还可以用作"簸"，表示颠动、摇（参看"颠簸—颠播"条），后来均可与"弄"同义连文，表示动作义，比喻引申为"摆布，摆弄""搬弄，挑拨"义，意义比较抽象。

【醒悟—省悟】

（a）他们立的进步会，出来劝说，大家这才醒悟，现时剪断头发的人，日见其多，一个跟着一个学，也没有作梗的了。[京话日报 1904.12.19-3]

（b）比如士农工商事业，你们看有几个实心实力去考究的么？弄得如今十家九穷，还不晓得省悟。[杭州白话报 1901（2）1]

按：清末民初，"醒悟"与"省悟"为异形词，表示"在认识上由模糊而清楚、由错误而正确"。"省"甲骨文为"𦣻"，也可写作"眚"，从目从生，本义为目生阴翳，目生翳则限制了视力，看东西须细察，故引申为察视。《说文·眉部》："省，视也。"所释为引申义。后来"省"与"眚"发生了分工，"眚"表示目生翳义，而"省"表示视察，"省"进一步引申，表示检查、反省，又引申为觉悟、明白，如《后汉书·陈龟传》："冀（梁冀）暴虐日甚，龟上疏言其罪状，请诛之，帝不省。""醒"的本义为酒醒，《说文·酉部》："醒，醉醒也。"后引申为睡后醒来，又引申为明白道理，如《楚辞·渔父》："举世皆浊我独清，众人皆醉我独醒。"在"省悟—醒悟"中，"省""醒"意义相同，表示觉悟、明白义。

【克扣—刻扣】

（a）勇丁们欠账多少，全由朱哨官替还，不叫勇丁坑骗人家，像朱哨官这样明白，比那克扣兵饷的，胜强到那里去了。[京话日报 1905.04.18-2]

（b）那袁葆春刻扣军饷，纵容匪党，你是知道的，如今陷了两府十三县，匪势猖獗。[绣像小说 1906（67）1]

按：清末民初，"克扣"与"刻扣"为异形词，表示"非法扣减应该发给

43

别人的财物",在"减损、损伤"义上,"克""刻"是相通的。《荀子·礼论》:"刻死而附生谓之墨,刻生而附死谓之惑。"杨倞注:"刻,损减。""克"为"尅""剋"的简化字,表示克扣,暗中削减,如元·无名氏《来生债》第二折:"博个甚睁着眼去那利面上克了我的衣食。"

【谈笑—谭笑】

(a)千古风流人物,一时多少英豪,龙门虎斗漫劳叨,落的后人谈笑。[竞业旬报1908(17)47]

(b)王谭笑甚欢,夜分始散,导至各室卧,然后归寝。[绣像小说1905(50)90]

按:清末民初,"谈笑"与"谭笑"为异形词,表示"说笑"义。"谈"本义指与人交谈,议论。由于"炎"为谈部字,"覃"为侵部字,上古音叠韵旁转关系。"谈"的声符"炎"又可以换成"覃",异体写作"谭"。如朱骏声《说文通训定声》:"谈,语也。字亦作谭。"早在先秦时期,"谭"便可以表示谈论义,如《庄子·则阳》:"夫子何不谭我于王?"在古代文献中,"谈""谭"还常作为异文出现,如《文选·陆机〈拟今日良宴会〉》"高谭一何绮"旧校:"善作谈。"《文选·谢灵运〈拟魏太子邺中集诗〉》"妍谈既愉心"旧校:"五臣作谭。"在唐代,唐武宗名炎,为避君讳,乃避"谈、淡",改"谈"为"谭",书"淡"为"澹"。唐·赵璘《因话录》卷五:"武宗皇帝庙讳炎,改两火相重,其偏旁言谈字已改为谭,淡改为澹。"这也是异体"谭"字盛行的一大原因。

【佩戴—佩带】

(a)十四日去吊祭,大家穿着便衣,左肩佩戴花章,到了灵前,都行三揖礼。[京话日报1906.07.08-3]

(b)特别照会凡有佩带本社会徽章的人到妓院里去,无论请酒打牌,均可减价。[小说画报1917(4)149]

按:清末民初,"佩戴"与"佩带"为异形词,这与"戴"与"带"的语义交叠相关,除"佩戴—佩带"外,清末民初另有"戴孝—带孝、戴罪—带罪、穿戴—穿带"等。"带"最初的动词义为"佩带、佩挂",肢体部位为腰部,主要用于装饰。如《礼记·少仪》:"仆者右带剑。"孔颖达疏:"右带剑者,带之于腰右边也。""戴"表示"加在头上或用头顶着",肢体部位为头的顶端。在词义发展中,"戴"在"顶在头上"基础上,派生出"把东西放在头部、面部、颈部、胸部、手部、踝部"义项,如"戴首饰、戴耳环、戴眼罩、戴胸花、戴脚镣"等,增加了装饰功能。从北宋起,表示装饰意义的就多用"戴"了,而"带"的修饰意义逐渐减弱。于是出现了"带"通"戴"的情况,如北宋《大宋宣和遗事》:"神霄新殿耸云端,像塑青华带道冠。"这种混用情况一直沿用到现代汉语中。

【假装—假妆】

(a)有两位顶有名的贤臣,一名微子的,逃隐山林去了,一名箕子的,假装疯癫,辞官不做了。[安徽俗话报 1904(6)11]

(b)当下月娥见他来了,心上已是突突的跳,只恨他年底定要回家,不免有些醋意,只假妆着不理他。[绣像小说 1905(44)4]

按:清末民初,"假装"与"假妆"为异形词,"装"与"妆"都有假装、装扮义,如宋·孙光宪《北梦琐言》卷六:"一旦顿作诗五十首,装为方干新制,时辈吟赏降仰。"元·关汉卿《金线池》第一折:"你道是性儿淳,我道你意儿村,提起那人情来往伴妆钝。"

【联合—连合】

(a)山东太安府附近地方,现有各会党联合,专和政府洋人为难。[安徽俗话报 1904(4)6]

(b)你们又连合慕知亚,出兵侵掠列国,扰乱希腊全土和平,这是第二大罪。[绣像小说 1904(20)2]

按:清末民初,"联合"与"连合"为异形词,表示结合一起,共同。《说文·车部》:"连,负车也。""连"的本义指一种人拉的车,后引申为连接、相连的意思。《说文·耳部》:"联,连也。从耳,耳连于颊也;从丝,丝连不绝也。""联"本义为连接。可见,"联"与"连"的意义十分接近,都可以表示连接,所以在具体运用中容易相混。

【消耗—销耗】

(a)我想到一百年以后,那养猪仔的人,已经死去,枯骨也烂尽了,养猪仔发的财,挣的家业,已不知消耗到那里去了。[京话日报 1904.12.12-3]

(b)急得我,莽男儿,五内心焦,最可伤,是把我有用的精神,平白销耗,辜负我,好身手,无处承招。[中国白话报 1903(2)56]

按:清末民初,"消耗"与"销耗"为异形词,表示亏损义,"销"的本义为熔化金属,《说文·金部》:"销,铄金也。"由熔化掉引申指消失。"消"的本义冰雪融化,《说文·水部》:"消,尽也。"后引申泛指消失,消散,由于"消"和"销"在"灭掉"义上相通,因此常出现混用现象。

【约摸—约莫】

(a)一个穿着蓝布袄儿、握着旱烟管的老头儿,年纪约摸在七十左右,两撇苍髯深深地盖在嘴唇上,也足表示他的年齿迟暮。[申报 1916.10.17-14]

45

（b）两个妇人一个已是白发龙钟，年纪约莫有六十岁外，是个仆妇模样。那一个却是凤鬟雾鬓，杏眼桃腮。[大公报1918.04.18-11]

按：清末民初，"约摸"与"约莫"并用，是副词，表示大概、估计的意思，本字当为"约莫"，"约""莫"同义并列，先秦时期，"莫"就可以表示揣测，表示大概、莫非。如《论语·述而》："文，莫吾犹人也。躬行君子，则吾未之有得。"朱熹集注："莫，疑词。"蒋冀骋认为："'约''莫'连用最早的例证见于宋代。从现有文献看，它的初始形式是词，未见用作词组的例证。……但我们相信，它们应经过了一个词汇化过程。"①"约莫""约摸"见于宋代，如刘辰翁《疏影》词："约莫是，打围归际。又谁知、别忆烹茶，冷落故家愁思。"又朱熹《朱子语类》卷九："若不识得时，只约摸忩地说，两只脚也得，三只脚也得。""莫""摸"在近代语音相近，声调不同，"摸"为平声字，而"莫"为去声字，但在中古时期"莫""摸"读音是完全相同的，《广韵》二字同属明母铎韵入声字。

【纪念—记念】

（a）三、要在教士被难地方，造一座大医院，做个纪念；四、要用极体面礼节，殡葬被杀的教士。[京话日报1904.09.18-4]

（b）警察兵方行折回，俄公使至横滨之时，日皇预备美丽之物赠送俄使留作记念。[中国白话报1904（6）32]

按：清末民初，"纪念"与"记念"为异形词，表示"具有纪念意义的物品"义，"纪念/记念"的诸多意义，如"具有纪念意义的物品、纪念活动、纪念日、纪念文字"等义均出现得较晚。大概于清末民初才出现，对此，我们比较赞同符杰祥观点，认为这可能与日语译介相关，"在日语中，纪念文字的通用词便是'记念'。有意思的是，这两个语词在植入现代汉语后发生了戏剧性的倒置，'纪念'反比'记念'更为流行，这与其说是译介过程中现代中国人的主体选择问题，不如说是注重纪年仪式的传统思维的限制。"②

【摩擦—磨擦】

（a）要是阴阳二气碰着的时候，摩擦的力一大，震动了天气，发出声音来，就是雷。[大公报1905.06.04-3]

（b）答：血管是有的膜在关节上，两边的骨不会磨擦，运动起来好分出五种。[中国白话报1904（8）48]

---

① 蒋冀骋．近代汉语词汇研究（增订本）[M]．北京：商务印书馆，2019：154．
② 符杰祥．文章与文事：鲁迅辨考[M]．上海：上海三联出版社，2015：39-40．

按：清末民初，"摩擦"与"磨擦"为异形词，表示物体与物体接触并来回移动。"磨"的本义为磨治石器，异体作"䃺"。《说文·石部》："䃺，石硙也。"《尔雅·释器》："磨，玉谓之琢，石谓之磨。""摩"的本义为磨擦，《说文·手部》："摩，研也。"又《说文·石部》："研，䃺（磨）也。"段注："亦谓以石䃺物曰研也。手部曰：摩者𢱧也，𢱧者摩也。……𢱧摩以手，故从手，研䃺以石，故从石。"可见"摩"与"磨"义有别，今已混用。

【诽谤—蜚谤】

（a）大家互相攻击，互相诽谤。平和派的骂激烈派轻举妄动，激烈派的骂平和派的凉血动物。［中国白话报 1904（10）67］

（b）西哲有言曰："名誉愈高者，蜚谤愈多，蜚谤者，名士所纳于世界之租税也。"［竞业旬报 1908（23）1］

按：清末民初，"诽谤"与"蜚谤"为异形词，表示以不实之词毁人。《说文·言部》："诽，谤也。""诽"的本义指从旁指责过失，如《墨子·经上》："诽，明恶也。"后来引申为毁谤。如《荀子·非十二子》："不诱于誉，不恐于诽。""诽"写作"蜚"属于同音借用。

【抵触—牴触】

（a）又日来盛传浦口苏鲁两军，有抵触之说，但未证实。然有自浦口来者云，确见两军均已预备战壕，则形势殊险恶也。［京话日报 1918.01.11-2］

（b）况恋爱一事出于人心理所固然，并不与法律相牴触，并不与名誉有关碍。［申报 1915.07.01-14］

按：清末民初，"抵触"与"牴触"为异形词，"牴触"为同义复词，"牴"的本义为用角相撞。《说文·牛部》："牴，触也。"段注："亦作抵、觝。""抵"的本义为推，挤，《说文·手部》："抵，挤也。"又用为"牴"，表示抵触、矛盾。

【侍奉—事奉】

（a）婆婆是年高有病之人，倘若病倒，业已无人侍奉，儿女辈更有何人可考。［绣像小说 1903（9）1］

（b）不料孔子的门徒，越发团结，群推孔子为儒教的祖，那事奉孔子，真是同事君事父一般。［杭州白话报 1901（10）19］

按：清末民初，"侍奉"与"事奉"为异形词，表示伺候奉养。"事"有侍奉、供奉之义。如《孟子·梁惠王上》："是故明君制民之产，必使仰足以事父母，俯足以畜妻子。""侍"有伺候、奉养之义，如《吕氏春秋·异用》："仁人之得饴，以养疾侍老也。"高诱注："侍亦养也。"可见，"侍"与"事"在伺候义上词义相通。

【萎靡—委靡】

（a）人莫不有一死，与其庸庸碌碌死而无名，何如烈烈轰轰拼死一战，使忠义传于千古，这是民气第一种的原质，你道那萎靡的能算有气吗？［竞业旬报1907（8）3］

（b）东洋虽然矮小，却也精悍结实，决无委靡文弱的习气，这就是强国富家的根本，切不可把他小看了。［京话日报1904.09.27-3］

按：清末民初，"萎靡"与"委靡"为异形词，表示精神不振作、意志消沉。《说文·非部》："靡，披靡也。"段注："披，各本作拔。……披靡，分散下垂之貌。"引申为倒退、退下。"萎"的本义为喂牛，《说文·艸部》："萎，食牛也。"这个用法的"萎"今天读作wèi，"萎"又可指草木枯死，如《广韵·支韵》："萎，蔫也。"引申为衰败，虚弱，不振。"萎靡"为同义复词，"萎"与"委"同源，可相互通用。

【告诫—诰诫】

（a）或是做一件不在理的事，那母亲也不晓得告诫，反把那天雷鬼怪的事情来吓他。［安徽俗话报1904（6）27］

（b）本省长为廓清烟毒起见，不得不思患预防，对于全省人民痛切的诰诫一番。［申报1916.12.13-10］

按：清末民初，"告诫"与"诰诫"为异形词，表示"警告劝诫"，"告"与"诰"同源，表示劝告、勉励。《国语·楚语上》："近臣谏，远臣谤，舆人诵，以自诰也。"韦昭注："诰，告也。"如今，"告"与"诰"完成了分化，"诰"专用于指皇帝的制敕。

【痊愈—全愈】

（a）（老生白）郎君万不可回国，凶多吉少，要再思呀再想。（小生白）等我病体痊愈，再作道理。［绣像小说1904（26）2］

（b）钟国洪道："明天可以静养一天，待后天再来罢，我想再换一回药，必定全愈了。"［中国白话报1904（8）67］

按：清末民初，"痊愈"与"全愈"为异形词，表示"病情好转，恢复健康"。"全"是"痊"的古字，今见最早的"全"字写作"仝"，与"仝（同）"不同，上面部首为"入"，后来楷书新字形从俗，才改作"人"。《说文·入部》："全，完也。从入，从工。"战国中期，字形作"全"，下部"工"形丨上增加饰点，演变为短横，短横变长，至小篆下部成"王（玉）"，写作"全"，

《说文·人部》:"全,篆文仝从玉,纯玉曰全。""全"的本义为完整、全体、整个的,后来引申出纯一、纯粹和完好无缺、完备、齐全、保全等义。由纯粹义引申,特指纯色玉,也就是《说文》所记录的"纯玉"义是"全"的引申义。而完好义引申为病愈,如《周礼·天官·医师》:"岁终则稽其医事,以制其食,十全为上,十失一次之。"郑玄注:"全,犹愈也。"后来"全"加"疒"旁写作"痊",《说文》未收"痊"字,在先秦文献中偶有所见,如《庄子·徐无鬼》:"今予病少痊。"

【掺杂—搀杂】

(a) 无论干甚么事,都能耐劳苦,所以才日见起色,要是一定给掺杂上点子迷信,那可就失了在理的本义了。[京话日报 1906.06.22-2]

(b) 譬如东北边一带,也有蒙古族的,也有西藏族的,也有通古斯族的,这种畜生,往往冒称人类,都搀杂在我们汉土里面。[中国白话报 1903(4)1]

按:清末民初,"掺杂"与"搀杂"为异形词,均可表示"混杂"义。"掺"是"糁"的分化字,可以表示混杂、掺和义。如《仪礼·大射》:"大侯九十,参七十。"汉·郑玄注:"'参',读为'糁'。'糁',杂也。"唐·孙思邈《千金翼方》卷十九:"右以粟米一升,净淘捣作粉,以乌头安桶中厚三寸,布令平,即掺米粉令遍。""杂"亦有"混杂,参杂"义,如《逸周书·程典》:"士大夫不杂于工商。""掺杂"为同义并列,"掺"写作"搀",属于同音借用。

【抄袭—剿袭】

(a) 所以他一身的学问,都是自己做出来的,没有一句是抄袭。[中国白话报 1904(17)18]

(b) 他话虽说得有理,也不很信他,不去驳他,就疑他是那里剿袭来的。[绣像小说 1906(69)2]

按:清末民初,"抄袭"与"剿袭"为异形词,均可表示"剽窃人言以为己说"义,"抄"和"剿"均可表示抄取义,该意义来自"钞","钞"的本义为叉取,它的誊写义与人们的书写器具、习惯相关,潘牧天指出:"'钞'自下而上的叉取动作特征,与古时刻划书写动作相似;又'钞'有'取'义,取此文献中的文字录于彼文献。'钞'的'抄写、誊录'义似由此而来。"[1]"抄袭"为并列结构,"袭"亦有"窃取,抄袭"义,如《谷梁传·哀公四年》:"辟中国之正道以袭利谓之盗。"杨士勋疏:"袭,掩也,谓求利之心不以礼义为意

---

[1] 潘牧天. "钞"和"抄"词义演变考[J]. 杭州师范大学学报(社会科学版),2014(3):102-109.

也。""抄"最晚出现于两晋时期,是"钞"的俗字,由于"抄"的手旁更符合以形表义的特点,后来,动作义多由"抄"表示,"钞"成为钞票义的专用字,"剿"是"钞"的假借字,《说文·金部》:"钞,叉取也。"段注:《曲礼》曰:'毋剿也。'剿即钞字之假借也。今谓窃取人文字曰钞,俗作抄。"

【鸠合—纠合】

(a) 我忍不住了才与他动手的,叵耐那厮已鸠合了多人将我团团围住,打的格死去活来。[小说画报1918(18)114]

(b) 他是胡宅家丁之子,于是有了把柄出气,便由第二名童生出头,纠合多人,要告他身家不清。[绣像小说1905(49)4]

按:清末民初,"鸠合"与"纠合"为异形词,表示"集合、聚集","纠"是"丩"的分化字,"丩"的本义为纠缠,甲骨文字形为"𠃌",《说文·丩部》:"丩,相纠缭也。曰瓜瓠结丩起。"引申为三股丝麻绞合的绳子,加"糹"分化出"纠"字,《说文·糹部》:"纠,绳三合也。"由合绳义引申出聚合、集结义。"鸠"本义为鸠类禽鸟,引申为聚集义,如《书·尧典》:"共工方鸠僝功。"孔传:"鸠,聚。"《尔雅·释诂下》:"鸠,聚也。""鸠"和"纠"均有聚集义,分别与"合"同义并列构词。

【呵斥—呵叱】

(a) 黑儿自从上学以来只有被先生呵斥的分儿,从不曾像有今日这般奖语,心里说不出的高兴。[大公报1918.05.21-11]

(b) 他见了这个情景,知道没有人要自己,也觉没趣得狠,决意离开了这有人烟的地方,免得常遭呵叱。[小说画报1917(6)54]

按:清末民初,"呵斥"与"呵叱"均为并列式结构,"呵"表示责骂,如《史记·田叔列传》:"主家皆怪而恶之,莫敢呵。"而"叱"与"斥"均可与"呵"组合,各有理据,"斥"表示指责、责备,"叱"表示大声责骂。如《公羊传·庄公十二年》:"手剑而叱之。"何休注:"手剑,持技(拔)剑叱骂之。"由于指责多以大声责骂为主,因此在"呵V"词语模式中淹没了"斥"与"叱"的区别,它们是异形词。

【花销—花消】

(a) 清抱没有住处,叶小山同他到杨树浦,就叫他在自己的姘头小阿四家里搭张干铺住下,每天花销两角洋钱。[绣像小说1904(21)106]

(b) 木厂子托人情,走门子,费去多少花消,好容易把工程谋到,又有了许多不成事的名目,都是很大的出歇。[京话日报1905.04.24-2]

按:清末民初,"花销"与"花消"为异形词,表示开销,花费。"花销"

为同义复词,"花"与"消"均有消耗、耗费义,如晋·张华《博物志》卷四:"土屋甚销功力,皆如此类。"《老残游记》第五回:"但能救得三人性命,无论花多少钱都愿意!""销"与"消"同源,古多通用。

【敷衍—敷演】

(a)近日,皇太后召见大臣时,遇汉臣便讲道:"洋人还讲面子,你们总得好好敷衍他。"[杭州白话报1902第二卷(1)2]

(b)不明白大义的朋友,必说孟老夫子,也没有出色的高招儿,免不吊有些敷演。[京话日报1906.04.20-6]

按:清末民初,"敷衍"与"敷演"为异形词,表示表面应酬,虚与应对。《说文·水部》:"演,长流也。"段注:"演之言引也,故为长远之流。"引申为扩展、推演等义。"衍"的本义为大水溢出,《说文·彳部》:"衍,水朝宗于海貌也。"引申为延伸、展开。在"推演、演绎"义上,二者古通用。"敷"亦有敷开、扩展义,如南朝梁·刘勰《文心雕龙·熔裁》:"引而伸之,则两句敷为一章;约以贯之,则一章删成两句。""敷衍""敷演"各有理据,均为同义连用。

【累赘—累坠】

(a)如今若仍是叫他学着我辈,这样空空疏疏,那又何必替中国添了许多雷同累赘的家伙呢?[中国白话报1904(10)2]

(b)箱子是铁做的,一个人万背不动,钞票数目又多,两只手万捧不起洋钱,更是累坠,愈加不必说了。[申报1916.12.09-17]

按:清末民初,"累赘"与"累坠"为异形词,"累赘"是同义复词,"赘"的本义为抵押,《说文·贝部》:"赘,以物质钱。"段注:"若今人之抵押也。"朱骏声通训定声:"赘,从敖、贝会意。敖贝犹出放贝,当复取之也。""赘"又通"缀",表示连缀、附着。《诗·大雅·桑柔》:"哀恫中国,具赘卒荒。"毛传:"赘,属。"孔颖达疏:"赘,犹缀也。谓系缀而属之。"引申指赘疣,如《释名·释疾病》:"赘,属也。横生一肉,属着体也。"又指多余,无用。"坠"是"赘"的同音借字。

【挤对—挤堆】

(a)背着一身债,正受人家挤对的时候,总得想法子,先还亏空,再把家里治整齐了。[京话日报1906.04.12-2]

(b)中国屡次大败,又受了俄人的牢笼,那里还能帮助日本呢?日本趁此下手,也是挤堆的没了法子了。[京话日报1905.04.06-1]

按:清末民初,"挤对"与"挤堆"为异形词,均出现于《京话日报》中,

51

是北京方言词语。俞冲"挤兑"条下注释为："京俗语，逼迫、为难。也写作'挤对'。"①"挤对"为同义并列，"挤"表示排挤，"对"表示较量、做对手。《三国志·魏志·文帝纪》："才藝兼该。"裴松之注引三国魏·曹丕《典论·自序》："余与论剑……因求余对，时酒酣耳热，方食竿蔗，便以为杖，下殿数交，三中其臂。""对"表示"较量"义，除"挤对"外，"挤"还可以构成"排挤、挤撮、挤轧"等词，由于方言字无定形，"对"又可写作"堆"。

【刺激—刺戟】

（a）我说："你别因为受了什么刺激所以反悔罢？"他说："刺激果然是有的他还十分感激那刺激他的人。"[小说画报1919（20）35]

（b）非中劣于西，天厚于彼也。而结果是，而归宿是，其冥尤，其冥怨，怨外界之刺戟。[竞业旬报1907（10）44]

按："刺激""刺戟"广泛运用于清末民初，该词源自意译英语 stimulus，"刺戟"是日本人利用汉语自行创造的词语，再被汉语吸收，并加以改造。在清末民初日本人所著的日语作品中经常见到"刺戟"词形，如：

a. 少なくとも，外より意志を刺戟せんとするにあたり……

b. 修辞的現象の帰結は情の刺戟にあり。

c. その主な目的は。読者の想象力を刺戟して。②

按："刺戟—刺激"异形词的出现与日语译介相关，霍四通认为"刺戟"这一词形在照抄照搬日本修辞学论著的书中都很容易找到。③如陈介白《修辞学》："如何可以巧妙的表现思想，能够刺戟读者的感情？"④而相对来说，不抄外国著作的人基本上就只用"刺激"，如胡怀琛《修辞的方法》："用一个'压'字，比较更有力，更能刺激人。"⑤"刺激—刺戟"是并列结构，"戟"与"激"均有刺激义，"戟"的刺激义出现得较早，在唐代便产生了，如柳宗元《与崔饶州论石钟乳书》："食之使人偃塞壅郁，泄火生风，戟喉痒肺。""激"的刺激义出现得较晚，在清代才产生，如张岱《陶庵梦忆·雷殿》："啜乌龙井

---

① 俞冲. 京腔儿的前世今生——150年来的北京话（下）[M]. 北京：北京燕山出版社，2016：1214.

② 例a和例b摘录于岛村泷太郎. 新美辞学[M]. 早稻田大学出版部，1902：120、123. 例c摘录于佐佐政一. 修辞法讲话[M]. 东京：明治书院，1917：199.

③ 霍四通著. 中国现代修辞学的建立——以陈望道〈修辞学发凡〉考释为中心[M]. 上海：上海人民出版社，2012：212.

④ 陈介白. 修辞学[M]. 上海：开明书店，1931：15.

⑤ 胡怀琛. 修辞的方法[M]. 上海：世界书局，1931：6.

水，水凉冽激齿。"戟"与"激"由肢体感官上的刺激抽象化，也可以用于外界环境的刺激，"刺激"还有逆序形式"激刺"，如《文明小史》第四六回："然而那班小儿，近来受外界风潮之激刺，也渐渐有一两个明白了。""刺戟"也有逆序形式"戟刺"，如闻一多《戏剧的歧途》："在我们现在这社会里，处处都是问题，处处都等候着易卜生、萧伯纳的笔尖来给它一种猛烈的戟刺。"现代汉语自身未形成"刺戟"词形，大概是由于在汉语中"戟"的"刺激"义已经消亡了，其常用义为一种兵器。后来"刺戟"词形从日语中引入，与"刺激"并存，通行了一段时间，而又淘汰。

【颠簸—颠播】

（a）弗伦在客室内坐了一回，便要想出去找那几个朋友，却又在船上颠簸了几天，觉得肢体有些疲倦。[申报 1907.11.12-18]

（b）中国人省钱惜费，坐轮船大舱的多，饭食不调，风浪颠播，脸上不免带风尘之色。[京话日报 1904.10.27-2]

按：清末民初，"颠簸"与"颠播"为异形词，表示"上下左右地震荡摇动"义，"播"有"簸"义。如《论语·微子》："鼓方叔入于河，播鼗武入于汉。"何晏集解引孔安国曰："播，摇也。武，名也。""播鼗"表示摇小鼓。《庄子·人间世》："支离疏者⋯⋯鼓筴播精，足以食十人。""播精"表示"簸米去糠"。现代汉语中，"播"仍具有此义，如丁玲《团聚》："豆便铺满了一地，他们又用畚箕播着，吹走那些屑子。"

【交代—交待】

（a）故此任着他们去罢，不管他怎败坏风俗，只要是按月纳捐钱，在公事上就算交代下去了。[大公报 1904.12.08-3]

（b）听说已交待侍卫处某章京送去，是否收到，该宅至今未见回信呢。[京话日报 1918.01.06-3]

按："交代"一词，最早见于《汉书·元后传》，表示"前后任相接替，移交"义，如"予伏念皇天命予为子，更命太皇太后为'新室文母太皇太后'，协于新故交代之际，信于汉氏。"后来引申为嘱咐义。"交待"最早见于《三国志·蜀志·杨戏传》，表示"交际接待"义，如"交待无礼，并致奸慝，悼惟轻虑，陨身匡国。"可见二者最初为不同的两个词。嘱咐义的"交代"写作"交待"是同音换用。

【推诿—推委】

（a）我们中国，或者还能富强起来，也未可知，切不可存心推诿，淡然无言。[绣像小说 1904（36）4]

53

（b）咳，这个缘故，大半是把一个难字，横在心头。所以敷衍的敷衍，推诿的推委，都有徘徊观望的神气。[杭州白话报 1902 第二卷（1）2]

按：清末民初，"推诿"与"推委"为异形词，表示推卸责任、推辞，"诿"有"推托、推卸"义，如《汉书·贾谊传》："然尚有可诿者，曰疏，臣请试言其亲者。"颜师古注引蔡谟曰："诿者，托也。尚可托言信越等以疏故反。""委"亦有"推托、推卸"义，如《汉书·淮南厉王刘长传》："相欲委下吏，无与其祸，不可得也。""诿"与"委"词义相通，故可相互通用。

【按捺—按纳】

（a）座中的客有的笑他性情卤莽，有的敬他肝胆激烈，大家带说带劝，才把潘爵爷一盆烈火稍稍按捺下去。[大公报 1918.09.28-11]

（b）有时戏瘾大犯，按纳不住，只好找省钱的地方过过瘾吧。[京话日报 1916.01.19-1]

按：清末民初，"按捺"与"按纳"为异形词，表示抑制、忍耐。"按捺"为同义复词，均表示用手向下按，如《说文·手部》："按，下也。"段注："以手抑之使下也。"《太平广记》卷二四九引唐·张鷟《朝野佥载·高崔嵬》："唐散乐高崔嵬喜弄痴。太宗命给使捺头向水下，良久，出而笑之。""纳"是"捺"的同音假借字。

【孝悌—孝弟】

（a）我每天给你们讲的，又是孝悌忠信，怎么往往我看好好的学生，一出学房的门，一入名利的场，慢慢就会变坏品行，殃群害众。[大公报 1915.03.28-6]

（b）一种叫做家族的伦理，这家族的伦理，就是中国古书所说的孝弟了。[中国白话报 1903（3）37]

按：清末民初，"孝悌"与"孝弟"为异形词，"悌"表示敬爱兄长义，如《孟子·滕文公下》："于此有人焉，入则孝，出则悌。"赵岐注："出则敬长悌。悌，顺也。""弟"通"悌"，如《论语·学而》："入则孝，出则弟。"陆德明释文："弟，音悌。本亦作悌。"

【蛊惑—鼓惑】

（a）潮阳揭阳两处最多，近有党羽到汕头，劝人学习，受他蛊惑的不少，这件事如果不假，关系狠重，地方官不可当作儿戏。[京话日报 1904.12.28-2]

（b）那知道一般胡涂人，他们专跟学堂反对，……因之造言，鼓惑摇乱人心，各处阻挠学务的事。[大公报 1904.09.06-3]

按：清末民初，"蛊惑"与"鼓惑"是异形词，"蛊"有"诱惑、迷乱"义，《左传·庄公二十八年》："楚令尹子元欲蛊文夫人，为馆于其宫侧而振万焉。"杜预注："蛊，惑以淫事。""鼓"亦有"煽动、蛊惑"义，唐·韩愈《与孟尚书书》："于是时也，而唱释老于其间，鼓天下之众而从之。"

【推托—推脱】

（a）赫司马见姚观察沈吟不语，只当他有心推托，连忙立起来，对他说道："我只要别处可以设法腾挪，断不敢来惊动你老弟……"［申报1910.06.25-26］

（b）吴氏唤他起来吃饭，他只推脱伤了风，不思饮食，闷恹恹睡了一日。［小说画报1918（18）127］

按：清末民初，"推托—推脱"均有借故拒绝之义，即"不直接加以拒绝，而婉言表示不接受，后面常带上托词或拒绝的原因"[①]。该义现代汉语中写作"推托"，而"推脱"则表示推卸义，如推脱责任。（详见《汉语大词典》第7版，第1331页）推托的"托"本作"託"，与言语相关，表示假托之义。先秦时期可见用例，如《公羊传·庄公三十二年》："然则曷为不直诛而酖之？行诛乎兄，隐而逃之，使托若以疾死然，亲亲之道也。""推""託（托）"连用表示借故拒绝之义首见于宋代，如宋·周密《癸辛杂识别集·祖杰》："此事我已供了，奈何推托？"在明代又可以写作"推脱"，如《今古奇观》第十二卷："他小姐前日借说兄弟小，无人看管，不欲嫁出门，恐他也只双目不见，到人家有许多不便，故此推脱。""推托"之所以写作"推脱"，与"托""脱"音同相关，在古籍中，"托""脱"就常相互通借，如"脱坯"也作"托坯"（义为"用模子把泥制成土砖"），元·刘君锡《来生债》第一折："俺家里又不盖房脱坯，你都来做甚么？"元·郑廷玉《看钱奴买冤家债主》第二折："专与人家挑土筑墙，和泥托坯，担水运浆，做垒土生活。""推脱"的推卸义产生于明代，如明·唐顺之《与白伯伦仪部书》二："苏松皆缺正官，江南无一上司，吾若又推脱担子，贼未必不登老岸矣。"

【给予—给与】

（a）近日归国诸君，计图普及教育，乃组织一大师范于兴贤堂，额设三百名，一月毕业，给予文凭。［竞业旬报1908（22）31］

（b）日前赴该旗附设国民学校，亲自考验学生成绩，随按成绩优劣分为四级，给与各生奖金一元五角三角不等，勉以专心向学，力求进步。［京话日

[①] 徐澍田."推脱"和"推托"[J].语文月刊，1998（8）：17.

报 1917.11.17-3]

按：清末民初，"给予"与"给与"为异形词，表示使对方有所得。"与""予"都有给予义，《周礼·春官·大卜》："以邦事作龟之八命：一曰征，二曰象，三曰与。"郑玄注引郑司农云："与谓予人物也。"《诗·小雅·采菽》："君子来朝，何锡予之？"

【翻译—翻绎】

（a）突然有一人出头，跟监斩的日员，好说歹说，求饶他一死，同去见日本大帅，好容易得了活命，这位救星姓曹，是日本的翻译。[京话日报 1905.06.28-3]

（b）日本陆军马兵少佐今井直治，翻绎勋八太郎也来见，这一天，就是见客，还忙不了。[绣像小说 1903（1）2]

按：清末民初，"翻译"与"翻绎"为异形词，"译"指把一种语言文字转换成另一种语言文字。《礼记·王制》："五方之民，言语不通，嗜欲不同，达其志，通其欲，东方曰寄，南方曰象，西方曰狄鞮，北方曰译。"孔颖达疏："通传北方语官谓之曰译者，译，陈也，谓陈说外内之言。"《周礼·秋官·序官》"象胥"汉郑玄注："东方曰寄，南方曰象，西方曰狄鞮，北方曰译。"贾公彦疏："译即易，谓换易言语使相解也。""翻"与"译"合成一词见于南朝梁慧皎《高僧传·三佛托什》："先沙门法显于狮子国得《弥沙塞律》梵本，未被翻译而法显迁化。""绎"为"译"的同音假借字。"翻"亦有翻译义，如北周·庾信《奉和法筵应诏》："佛影胡人记，经文汉语翻。""翻译"为同义并列。

【发现—发见】

（a）如肺结核病、肺管发炎、种种咳嗽及种种因伤肺而发现危险，各症若不从根医治，必无完好之日。[申报 1913.01.30-12]

（b）现闻英国又有一位博士叫做查利华德，从哈乏地方，坐了一只八百墩的帆船，直向南冰洋去，想探人家未发见的新地。[竞业旬报 1908（25）40]

按：清末民初，"发现"与"发见"为异形词，表示显现、出现。"见"的本义为看到，读 jiàn，《说文·见部》："见，视也。"又读 xiàn，表示被看见，显现，如《易·干》："九二：见龙在田。"陆德明释文："见，贤遍反。"高亨注："是即今之现字，出现也，对上文潜字而言。""现"，从玉，见声，本义为玉光，引申为显露，出现，如晋·葛洪《抱朴子·至理》："（山精）或形现往来，或但闻其声音言语。""见"与"现"在显露义上是相通的。"发"亦有显现义，如《左传·昭公元年》："天有六气，降生五味，发为五色。"杜预注："发，见也。""发现"为同义连用。

【膨胀—膨涨】

（a）唉，现在就我们本省的气象看起来，外人的势力是一天膨胀似一天，我们的民气，却一天短缩似一天，烽烟满地，叫我怎样行得起乐来呢？[安徽白话报 1908（1）1]

（b）【问】各处的冷热，怎么关系空气的重量呢？【答】无论什么东西，遇热就膨涨，涨则质点的排列稀松，质点稀松，自然就减轻了。[安徽俗话报 1905（19）2]

按：清末民初，"膨胀"与"膨涨"为异形词，"胀"为"张"的分化字，表示肿胀、胀痛。《素问·平人气象论》："（脉）盛而紧曰胀。"王冰注："寒气否满，故脉盛紧也。盛紧，盛满。"引申指膨胀，体积变大。《晋书·韩友传》："斯须之间，见囊大胀如吹。""涨"的本义为水面升高，《广韵·漾韵》："涨，大水。"引申指鼓胀、膨胀，二者各有理据。

【积攒—积趱】

（a）可怜钱贡生一生辛苦，仗着教书出名，束修比人家多些，也不过积攒个千把吊钱，搁不住子玉一趟会试，就去掉四五百吊。[绣像小说 1905（53）1]

（b）自此西瓦迭格外刻苦勤俭，不上几年居然积趱了几百银了，他就用心计算将这银子做了几桩趁钱的买卖。[四川官报 1904（14）75]

按：清末民初，"积攒"与"积趱"为异形词，"攒"有簇聚，聚集义，如《文选·张衡〈西京赋〉》："攒珍宝之玩好。"薛综注："攒，聚也。""趱"为"攒"的同音假借字，早在宋代，"攒"就可以用作"趱"，如《朱子语类》卷七一："上面趱得一分，下面便生一分。"

【参与—参预】

（a）第二是君主立宪政治，国中虽有皇帝，却也有议政院，由国民公举议员代众人参与政事。[安徽俗话报 1905（21、22）3]

（b）我阿善人民，都知道独立国的好处，都想人人参预政事。[绣像小说 1904（24）3]

按：清末民初，"参与"与"参预"为异形词，表示介入，参加。"参"与"与"同义连用，均有参与、参加之义，如《后汉书·班彪传》："所上奏章，谁与参之？"《礼记·王制》："五十不从力政，六十不与服戎，七十不与宾客之事。""预"为"与"的同音假借字。

【战栗—颤栗】

（a）潘世安不肯服老，到了这种境地，也就不由的觉得浑身战栗起来。[大公报 1918.10.18-11]

（b）黎明，盗呼二人行，二人颤栗殊常，闻命，窃喜步行或可稍暖。[绣像小说1904（20）25]

按：清末民初，"战栗"与"颤栗"为异形词，《说文·页部》："颤，头不正也。"段注："头不定也。不定各本作不正，今正。……头不定，故从页，引申为凡不定之称。""颤"的本义为头摇摆不定，引申为抖动、颤动，"战"为"颤"的假借字，二字古音相通，都属于章母元部字。"栗"是"慄"的假借字，表示恐惧义，如《诗·秦风·黄鸟》："临其穴，惴惴其栗。"毛传："栗，惧也。""颤栗"为同义连用。

【禀承—秉承】

（a）地方官禀承国家律令，自有平心谳狱办法，断不容匪徒自行报复。[杭州白话报1901（17）13]

（b）所有军国政事悉秉承予之训示裁度施行，俟嗣皇帝年岁渐长，学业有成，再由嗣皇帝亲裁政事。[安徽白话报1908（6）2]

按：清末民初，"禀承"与"秉承"为异形词，"禀承"为同义连用，都有"受"义，《说文》："禀，赐谷也。"段注："凡赐谷曰禀，受赐亦曰禀，引申之，凡上所赋，下所受皆曰禀。《左传》言'禀命则不威'是也。"《说文·手部》："承，奉也，受也。""秉"是"禀"的同音假借字，如《楚辞·天问》："该秉季德，厥父是臧。"

【辜负—孤负】

（a）但是我的身分合名誉，都不配做这样的大事，怕辜负先生这番好意。[京话日报1904.12.24-3]

（b）如果二公做了皇帝，举了总统以后，那时我一定来欧，放出我的满腹经纶来帮助帮助，也不孤负我们三个人十年同砚的一番情谊。[大公报1915.03.21-9]

按：清末民初，"辜负"与"孤负"为异形词，表示"亏负，对不住"义。《说文·子部》："孤，无父也。"段注："引申之，则凡单独皆曰孤，孤则不相酬应，故背恩者曰孤负。""辜"是"孤"的借字。

【雕刻—彫刻】

（a）江西景德广东石湾的磁器，宜兴的窑器，四川的鲁漆，福建的沉漆，扬州的漆器，广东的雕刻牙角玳瑁，那些东西都行。[绣像小说1904（30）65]

（b）又有石刻的佛像和国王的像，都照人的身材一般儿大，又装点了多少花色，彫刻的精工，真真可爱。[绣像小说1905（56）48]

按：清末民初，"雕刻"与"彫刻"为异形词，"雕""彫"是假借字，本作

"琱"。《说文·玉部》:"琱,治玉也。"《书·顾命》:"雕玉仍几。"孔传:"雕,刻镂。"

【凋零—雕零】

(a) 作者虽然抱着满肚皮热心,欲为商界隐恶扬善,着力提倡,怎奈人心机诈,商业凋零,触目伤心。[小说画报 1918(18)182]

(b) 二十年光景,生计雕零,人口已减去不少,如今又遇这等凶灾,减种的惨祸,只怕不远了。[京话日报 1906.04.06-2]

按:清末民初,"凋零"与"雕零"为异形词,表示"事物衰败或耗减"。其中,"凋"当为本字,其偏旁为"冫"(古同冰),本义为草木凋零,引申为衰败、疲敝。"雕"的本义为鸷类猛禽,又借为"彫"与"琱",表示雕刻,彩画。《说文·彡部》:"彫,琢文也。"段注:"琢者,治玉也。玉部有琱字,亦治玉也。《大雅》'追琢其章',传曰:'追,雕也。金曰雕,玉曰琢。'毛传当作琱。凡琱琢之成文曰雕,故字从彡。今则彫雕行而琱废矣。"由于二字读音相同,"雕"常假借为"凋"。

【繁衍—蕃衍】

(a) 官室住的是华美,衣服着的是新鲜,妻妾养的是团聚,子孙生的是繁衍,说不尽的快乐。[绣像小说 1904(30)1]

(b) 共和成立以来,在五色旗影之下有一宗革命,连带品随运而生,孳养迅速蕃衍中国。[大公报 1913.08.18-6]

按:清末民初,"繁衍"与"蕃衍"为异形词,表示滋生繁殖,本字当作"蕃"。《说文·艹部》:"蕃,草茂也。"段注:"《左氏传》曰:'其必蕃昌。'"《易·坤》:"天地变化,草木蕃。"孔颖达疏:"谓二气交通,生养万物,故草木蕃滋。""繁"是"蕃"的通假字。

【反叛—反畔】

(a) 天下英雄同心并力都反叛了元朝,我说的这位大英雄朱元璋,也就乘这个势子出头了。[安徽俗话报 1904(15)12]

(b) 自道文武全才,不肯做晋人奴隶,僭称汉王反畔,中国幸亏连吃败仗,其子聪杀乃兄和为假皇帝,复围住洛阳虏我怀帝,还要着青衣把酒杯,你道可耻不可耻呢?[竞业旬报 1908(14)26-27]

按:清末民初,"反叛"与"反畔"为异形词,表示背叛、叛变义。"叛"的本义为背离,反叛,如《书·大诰序》:"武王崩,三监及淮夷叛。""畔"通"叛",《论语·阳货》:"公山弗扰以费畔。"皇侃义疏:"畔,背叛也。"

【预备—豫备】

(a) 听说将来开戏,另委托专人包办,已由某有力者出资,预备修理戏

园。[京话日报 1917.12.16-3]

(b)比方我们到这种有实际的营盘里来,莫非想学些本领,豫备将来共国贼打仗的。[中国白话报 1904(20)15]

按:清末民初,"预备"与"豫备"为异形词,表示预先安排或筹划,"预"的本义为事先有准备。《战国策·燕策三》:"于是太子预求天下之利匕首。""豫"的本义为大象,《说文·象部》:"豫,象之大者。"段注:"此豫之本义,故其字从象也。"引申指安乐、顺适,又引申指喜欢、快乐,也借作"预",表示事先有准备,如《淮南子·说山训》:"巧者善度,知者善豫。"高诱注:"豫,备也。"

【熄灭—息灭】

(a)路透电报说:"乂国火山炸裂,飞了多少天的灰,现已一律熄灭。"[京话日报 1906.04.18-6]

(b)只见厨灶里,欧丽烧的火,还是燃着,没有息灭。火虽燃着,烧火的人,顷刻已去了世,不觉又是一阵心酸。[绣像小说 1905(48)90]

按:清末民初,"熄灭"与"息灭"为异形词,表示停止燃烧,"息"的本义为喘气,屏气。《说文·心部》:"息,喘也。"人在劳动时一呼一吸地舒缓喘气,因此引申为歇息,又引申为停止,再引申为消灭,为了分化字义,"消灭"之义又另加义符"火"写作"熄"来表示。

【勾引—钩引】

(a)况且若辈诱赌,全靠有媚人术的妖妇,或用爱妾作饵,或用艳婢勾引。[竞业旬报 1908(26)57]

(b)大半也是轻薄之徒,那里经得起这样的女人钩引他,魂魄早已飞在九霄云外。[绣像小说 1905(65)98-99]

按:清末民初,"勾引"与"钩引"为异形词。"勾"的本字为"句",《说文·句部》:"句,曲也。"引申指勾引,勾结。如元·白朴《墙头马上》第三折:"这个老子,从来会勾大引小。"为了分化字义,后来"语句"等义变读为 jù,用"句"来表示,勾曲各义仍读 gōu,变形为"勾"来表示,以相区别,钩子之义则另加义符"金"写作"鉤"来表示,今作"钩"。"勾"与"钩"同源,故常通用。

【抄送—钞送】

(a)派请饬下京外大小行政衙门,所有来往文书,及执行各政,都抄送报馆,准其登录批评,并准士农工商集议研究。[安徽白话报 1908(2)7]

(b)唉,有的是题目,又何必借重神道,难道尚怕社会不迷信吗?但在

下倒狠佩服诸公的,是这等肉麻告白,并好意思钞送到各家报馆,真难为你呢。[竞业旬报 1908(31)36]

按:清末民初,"抄送"与"钞送"为异形词,表示"把原件抄录并把复制后的副本送交给有关部门或人员"。抄写、誊写义本应写作"钞","钞"在先秦就已出现,《说文·金部》:"钞,叉取也。"段注:"字从金者,容以金银诸器刺取之矣。"由于叉取和与古时刻划书写动作相似,故引申为抄写义,该义后由其俗字"抄"表示,而"钞"成为钞票义的专用字。

【计划—计画】

(a)所幸五儿此时并无歹意,只说道:"姑娘珍重,明日依我的计划而行,自能救你出险。"说罢,便自管他去了。[申报 1916.10.15-14]

(b)我本当出死力为国计画,怎奈我官职小,空抱着一片心,没有办法。[京话日报 1906.06.02-6]

按:清末民初,"计划"与"计画"为异形词,表示"计策、打算"。"画"的本义为划分界限,《左传·襄公四年》:"芒芒禹迹,画为九州。"杜预注:"画,分也。"孔颖达疏:"言画地分之以为竟也。"引申指筹划、谋划,这个意义后来写作"划"。"划"繁体作"劃","画"繁体作"畫","划"是"画"的后起分化字,从字形便可以看出二者联系。

【激励—激厉】

(a)日本政府派一个钦差,到旅顺慰问攻围旅顺的日本兵,这也是要想激励他赶快把旅顺攻陷的意思了。[中国白话报 1904(20)60]

(b)现今外国人灭我,专习笔墨做甚么。又没教习来激厉,书生那有忠义气?[安徽俗话报 1904(8)39]

按:清末民初,"激励"与"激厉"为异形词,表示勉励,刺激使奋发。"厉"的本义为磨刀石,《说文·厂部》:"厉,悍石也。"徐错系传:"旱石,粗悍石也。"段注:"刚于柔石者也"。引申为磨砺,此二义后来另加义符"石"写作"砺",由磨砺又引申为勉力、振奋。此义后来另加义符"力"写作"励",因此,"厉""励"在"勉力、振奋"义上同源通用。

【表彰—表章】

(a)木皮先生之历史,弟所闻仅此,祈执事实表彰之,为先生传,弟杨宗震拜上。[竞业旬报 1908(20)56]

(b)某因答云:"此说极佩,但提倡风尚必有术以表章之,或以身作则,或以文字鼓吹,要之宜用单刀直入之法,使人见我之举动即了知我之趋向。"[申报 1912.05.31-3]

按：清末民初，"表彰"与"表章"为异形词，表示显扬、表扬，"章"的金文为"𢇍"，上从辛（錾凿），下为玉璧，会用錾凿雕治玉璧花纹之意。由雕琢花纹的鲜明突出，引申指鲜明、昭著，如《书·尧典》："九族既睦，平章百姓。"孔颖达疏："教之以礼法，章显之使之明著。""彰"为"章"的后起分化字。"表"亦有"显扬、表彰"义，如《左传·襄公十四年》："世胙大师，以表东海。"杜预注："表，显也。谓显封东海以报大师之功。""表彰"为同义连用。

【记载—纪载】

（a）就有许多诗人，做下咏木兰的诗，内中有一个无名氏做的诗最好，一直传到今，但可惜无人做一部书，记载木兰的事。[安徽俗话报1904（8）28]

（b）京外各处，早已纷纷传说，中外各种报上，也有纪载这事的，可不知道真不真。[京话日报1904.11.22-2]

按：清末民初，"记载"与"纪载"为异形词，表示记事于书册。"记载"为同义复词，"记"的本义为记录、记下来。《玉篇·言部》："记，录也。""载"亦有记录义。如《书·洛诰》："汝受命笃弼，丕视功载。"孔传："当辅大天命，视群臣有功者记载之。""记"写作"纪"属于同音借用。

异形成分与另一并列成分可能均为形容词，共计26组①，如：

【简直—剪直—检直】

（a）今美国禁止我们工人，简直是只许他们赚我们的钱，不许我们赚他们的钱，变成有出无进了。[安徽俗话报1905（21、22）8]

（b）天老子真是待我不薄，只是一层，自幼儿混到今日，头都白了，剪直一个大字都认不得，我想起来常常引为恨事。[大公报1918.04.26-11]

（c）小桐把指头一伸道："一百两。"老头子道："岂有此理，一个百灵值到这个价，你检直是讹我了。"[绣像小说1904（30）3]

按：清末民初，"简直""剪直"与"检直"是语气副词，用于强调完全如此或差不多如此，含夸张语气。这个意义本字作"简直"，"简直"开始为并列式短语，是形容词，表示简单直白，如《朱子语类》卷一百二十一："天下道理平易简直。"在清代，意义发生了虚化，据曾妮考察："'简直'从形容词到语气副词的语义演变过程，即，形容词语义'简单直白'演变为方式副词语

---

① 以下列举19组，另有"暴躁—暴燥、烦躁—烦燥、焦躁—焦燥、弯曲—湾曲、稀奇—希奇、稀罕—希罕、稀少—希少"见于第四章。

义'直接；索性，干脆'，后语义虚化，强调程度，变为程度副词，表示'实在；完全'，最后演变出含有夸张语气，成为语气副词，表示'差不多，几乎'。"[1]"简直"的语气副词义也是产生于清末，"剪直""检直"更是大量出现于清末民初白话报刊中，而现代汉语"剪直""检直"则被淘汰。

【淡泊—澹泊】

（a）马尚书的性情，本来淡泊，没有那些□禄希势的心肠，更兼靖江是个偏僻小县，百姓甚是瘠苦。[申报1910.06.01-26]

（b）他那夫人呢，出身寒素，做的一手好针指，过得澹泊日子，勤俭两个字上也狠可以相夫，就是性情偏执，不狠通达。[小说画报1917（6）34]

按：清末民初，"淡泊"与"澹泊"为异形词，表示恬淡寡欲。本字为"憺怕"，《说文·心部》："憺，安也。"又"怕，无为也。"段注："《子虚赋》曰：'怕乎无为。'憺怕，俗用澹泊为之，假借也。澹作淡尤俗。"

【浩淼—浩淼】

（a）九州异说征邹衍，烟涛浩淼谈瀛寰。海滨通市何尘喧，兼弱攻昧肆并吞。[中国白话报1903（4）74]

（b）我便谢了房主出来，先走到三年前上岸的海滩上一望，只见水天一色，浩淼无际。[绣像小说1906（70）124]

按：清末民初，"浩淼"与"浩淼"为异形词，表示"水面广阔悠远貌"。"淼""渺"为异体字，表示水广远貌，二者的造字方法不同，"淼"为会意字，"渺"为形声字。《说文·水部》："淼，大水也、从三水，或作渺。"

【贤惠—贤慧】

（a）谁知到了功成名就，男子可就忘了初心，嫌他那位贤惠的妻子年老色衰，出身又不甚尊贵。[京话日报1905.10.18-6]

（b）村庄上有了一个贤慧的主妇，一村的主妇都走拢来学些好样，这村自然发达了，一村发达，村村看样，村村也自然发达。[安徽白话报1908（2）1]

按：清末民初，"贤惠""贤慧"为异形词，表示"妇女心地善良、通情达理"义，古代汉语中，"惠"常通借作"慧"，表示智慧，而未见"慧"用作"惠"，表示仁爱、宽厚义，从二词通用时间看，"贤惠"汉代便可见用例，而"贤慧"出现较晚，近代汉语中才出现，且用于通俗文献中。"贤慧"的出现

---

[1] 曾妮."简直"在近代汉语文献中的分布及语义演变[J].内江师范学院学报，2018（3）：52-56.

大概与"慧""惠"读音相近相关。

【悖晦—背晦】

（a）无如月下老人年纪大了，不免有点悖晦，每天坐在懒椅里，只管尽翻他的因缘簿，也不把两面男女略略对照对照。[申报 1912.06.25-9]

（b）游道明老运亨通，便因为这件事上面一传十，十传百，转眼之间忽的将一个多年背晦的老先生闹得其门如市起来。[大公报 1918.10.10-11]

按：清末民初，"悖晦—背晦"为异形词，表示"糊涂、昏聩"，"悖晦"为同义连用，"悖"有"糊涂"义，如南朝梁·沈约《神不灭论》："其愚者则不辨菽麦，悖者则不知爱敬。"宋·叶适《朝请大夫直龙图阁致仕沈公墓志铭》："壮而合，老而悖，而得其所谓贤者鲜矣。"清·和邦额《夜谭随录·香云》："姆与古姆，固皆老誖，不足责备矣。""晦"亦有昏聩、糊涂义，如"晦盲""晦昧"均有愚昧义，由于"悖晦"属于方言词，字无定型，又可写作"背晦"。

【古董—骨董】

（a）只见一家一家都是铺子，不是卖字画的，就是买古董的，还有买珠宝玉器的，有一家门上贴着代办泰西学堂图书仪器。[绣像小说 1903（13）2]

（b）普月有时却不过他们的意思，也替潘德做主买了些骨董，价值也不过二三十元上下。[大公报 1918.08.17-11]

按：清末民初，"古董"与"骨董"为异形词，表示"珍贵稀罕的古器物"，"骨董"为方言词，《通俗编》引《霏雪录》："骨董乃方言，初无定字。《晦庵语录》作汩董，今亦称古董。"关于其命名之由，有众多猜测，有人认为"骨董"的"骨"，取肉腐而骨存之义，意思是保存过去之精华[1]，有人认为"骨董"乃"古铜"[2]的音变，有人认为"骨董"是"㲉"[3]的音变，杨琳认为"骨董"的古器物义来源于混杂义，"骨""董"均有乱义，"骨董"为同义连文。[4]"骨董"之所以写作"古董"与语音演变相关，在《广韵》中，"骨"为见母没韵入声字，"古"为见母姥韵上声字，发展到近代汉语，随着入声字的

---

[1] 韩炜炜著，（法）佚名绘．辫子与小脚：清都风物志[M]．北京：北京时代华文书局，2019：93．

[2] 清·徐珂《清稗类钞·农商类·骨董业》："骨董，古物也，亦称古董，盖即古铜之音转。"

[3] 明·方以智《通雅》："骨董之'骨'当作'㲉'，见《说文》，音忽，古器也。"吕胜男认为："'骨董'得名于上古单音节词'㲉'，为适应汉语复音化过程，增强表意的清晰性而加余音为'㲉董'。"详见吕胜男."古董"得名之源流考略[J]．兰台世界，2010（17）：74-75．

[4] 杨琳．汉语俗语词词源研究[M]．北京：商务印书馆，2020：306-316．

消失,"骨"的读音发生了变化,在《中原音韵》中,"古""骨"同属鱼模韵,上声字,读音相同为其词形混同创造了条件。

【繁杂—烦杂】

(a)但是各国政治,也很繁杂,一年功夫,恐怕考察的不详细。[京话日报 1905.08.12-3]

(b)其实看守灯台的职司,本是极为简便,并没些儿烦杂的事,只要那人没有野心外务,也就得了。[绣像小说 1906(68)5]

按:清末民初,"繁杂"与"烦杂"为异形词,《说文·火部》:"烦,热头痛也。"引申为烦躁、烦闷。又指繁多、繁杂,如《书·说命中》:"礼烦则乱,事神则难。""繁",《说文》作"緐":"马毛饰也。"段注:"引申为緐多。又俗改其字作繁,俗形行而本形废,引申之义行而本义废矣。""繁"有多义,如《左传·成公十七年》:"今众繁而从余三年矣,无伤也。"杜预注:"繁,犹多也。"古代"烦"与"繁"在"多"义上相通。

【急忙—即忙—疾忙】

(a)李亚贵接到手里,也不言语,忽离开坐向钟承祖双膝跪下,钟承祖当是谢他,急忙起身搀扶,说:"这点小意思,是老哥应得的,何必这样的多礼?"[京话日报 1904.10.29-3]

(b)顽公一见春江,暗想:怪东西又要来害人了,即忙躲至室隅,不料春江反以为是特往室隅等他的,所以徐徐走过去。[申报 1914.11.11-14]

(c)正要去瞧旁的东西,猛可里听得门外似乎有脚步之声,我险些吓碎了胆,疾忙退出长窗,爬下洋台,没命的逃出后园,直穿过了霍尔朋街方始安心。[大公报 1918.10.14-11]

按:清末民初,"急忙""即忙"与"疾忙"为异形词,表示"急速匆忙"义。"忙"有急忙、急迫义,唐·李咸用《题陈正字山居》诗:"几日凭栏望,归心自不忙。"徐时仪认为,表"急剧、匆促"的词最初为西汉时吴扬方言的"茫"。东汉时已演变为俗语词,可写作"忙"。"忙"原用以表"忧虑、害怕"义,宋以后,"忙"的"忧虑、害怕"义渐趋消亡。而成为"急剧、匆促"义的常用词。[①]"急忙""即忙""疾忙"各有理据,"急"有"心急、着急"义,"即"有"立即、立刻"义,"疾"也可以作表示"立刻"意义的副词。

---

① 徐时仪."忙"和"怕"词义演变探微[J].中国语文,2004(2):161-166.

【仔细—子细】

（a）所以在下接着自治的原理，对准了此次的章程，把几件重要的问题，仔细解说一遍，才算尽本报对于自治的职分。[安徽白话报1909（2）18]

（b）有人在天津游逛，遇着一个被拐的娼妓，诉说情由，跟以上的事情相似，已经托他去子细打听，打听清楚，再把细情登出。[京话日报1906.05.20-3]

按：清末民初，"仔细"与"子细"为异形词，表示细心义。"子"是象形字，甲骨文作"㜽"，本义为婴儿，引申为幼小的、细嫩的，如"子鸡""子畜""子姜"。"子细"为同义并列，如《魏书·源怀传》："怀性宽容简约，不好烦碎，恒语人曰：'为贵人，理世务当举纲维，何必须太子细也。譬如为屋，但外望高显，榱栋平正，基壁完牢，风雨不入，足矣。斧斤不平，斲削不密，非屋之病也。'""仔"的甲骨文为"㜽"，表示人背子，引申指幼小的，如"仔鸡""仔猪"等，又引申为细小的，如唐·杜甫《九日蓝田崔氏庄》诗："明年此会知谁健，醉把茱萸仔细看。"

【长久—常久】

（a）王者闻此言，大怒曰："你这个东西真是没有人格，现在我们这里本是法律改良，长久不用这些极残酷的刑罚了。"[竞业旬报1908（11）57]

（b）嗼啡的性子，能够止痛安神，但是常久吃他，便要上瘾，有害身体。[杭州白话报1902第二卷（9）11]

按：清末民初，"长久"与"常久"为异形词，表示"时间很长，持久"，《说文·长部》："长，久远也。"《玉篇·巾部》："常，恒也。"二者词义相通。"常"也有长久、永远义，如《书·咸有一德》："天难谌，命靡常。常厥德，保厥位。"

【显摆—显白】

（a）所用的材料，全是中国出产，轮子上的橡胶，改用牛皮，外面里棕，合算起价银来，不过五十馀两，打算送到天津陈列所显摆显摆，可见中国的工艺，大大的有了进步了。[京话日报1906.02.08-4]

（b）当年手中有几个糟钱，无理取闹，拿鸦片烟作乐，每天总得几钱黑土烟膏，好借着显白显白自己的阔。[京话日报1906.06.22-1]

按：清末民初，"显摆"与"显白"为异形词，表示炫耀义。"显白"为同义连用，"白"有显明之义，《荀子·天论》："礼义不加于国家，则功名不白。"梁启雄释："白，显明也。"宋·司马光《功名论》："不用贤而求功业之美，名誉之白，难矣。""显白"亦有显明之义，如清·章学诚《文史通义·言公中》："作者如有知，但欲其说显白于天下，而不必明之自我也。"在方言中有"显白

/摆"一词,表示炫耀,应当是由"显明"义引申而来,功德、名誉显明是一种客观事实,而要使功德显明,则需要炫耀一番,"白"写作"摆"属于同音替换。现代汉语中,"摆"亦有"炫耀,显出"义,如鲁迅《朝花夕拾·无常》:"无常的手里就拿着大算盘,你摆尽臭架子也无益。"

【斑白—班白】

(a)且我并闻亚登述赫迭状貌,谓彼身身材长大,年五十许,面狭长,须连于鬓,发斑白。[申报1907.05.01-18]

(b)其皮色虽变,尚未腐烂,而颐下上唇之须髯,蓬蓬然已多班白[竞业旬报1908(22)52-53]

按:清末民初,"斑白—班白"为异形词,分别表示"头发花白"义,"斑"与"白"同义连文。"斑"本作"辬",本义为杂色花纹。《说文·文部》:"辬,驳文也。从文,辡声。"段注:"谓驳杂之文曰辬也。马色不纯曰驳,引申为凡不纯之称。……斑者,辬之俗。今乃斑行而辬废矣。又或假班为之。""斑白"指头发花白。如《礼记·祭义》:"斑白者不以其任行乎道路。"郑玄注:"斑白者,发杂色也。""斑"写作"班"属于同音借用。在先秦时代,"班"常作为"斑"的异文出现,表示斑白义,如《楚辞·离骚》:"纷总总其离合兮,班陆离其上下。""班",一本作"斑"。《晏子春秋·外篇下十》:"有妇人出于室者,发班白,衣缁布之衣,而无里裘。""班",一本作"斑"。在上古音中,"斑""班"同属帮母元部字,读音相同。

【疯癫—疯颠】

(a)但自从那一晚起,一天重似一天,越发疯癫起来,满村的人,渐渐都知道了,立即通报教士和梅村长两人。[绣像小说1905(48)94]

(b)善批语是室碍难行,恶批语就许是心怀叵测,再不然说我迹类疯颠,再不然连看也不看。[大公报1905.04.28-3]

按:清末民初,"疯癫"与"疯颠"是异形词,表示"神经错乱,精神失常","癫"字古作"瘨",通作"颠"。《说文·疒部》:"瘨,病也。"段注:"按:今之颠狂字也。"《广韵·释诂》:"瘨,狂也。"王念孙疏证:"瘨之言颠也……字通作颠。《急就篇》:'疝瘕颠疾狂失响。'颜师古注云:'颠疾,性理颠倒失常也。'"今"颠"已不再作"癫"字。

【反倒—反到】

(a)他娘子还只当是亲戚人家借住的,见里面走出两个娘姨来,就合他福了一福,那两个娘姨,反倒跪下磕头,伯廉娘子还礼不迭。[绣像小说1905(58)1]

（b）独是到街上看看一切戒烟药，张三也是断根，李四也是灵验，那晓得连吃一两个月，非但不能断根，反到加了别样毛病。[申报1916.11.11-4]

按：清末民初，"反倒"与"反到"为异形词，表示"反而"，"反倒"为同义连用，"倒"有"反"义，如《朱子语类》卷七十一："人善端初萌，正欲静以养之，方能盛大。若如公说，却是倒了。""倒"还可以是副词，表示出现的情况或行为同一般情理相反。如《儒林外史》第一回："票子传着倒要去，帖子请着倒不去，这不是不识抬举了！""到"通"倒"。

【倒霉—倒痗—倒楣—倒煤】

（a）嗳，海内不靖，各省弄兵，我们做买卖的人，处在这宗年月，真是倒霉透啦！[京话日报1917.11.22-1]

（b）其实这样东西，也不是强盗，怎样个捕捉？但是上司却有题目可借了，江督端方把他记大过二次，唉，倒痗倒痗。[竞业旬报1908（29）41]

（c）仰西这般倒楣，那有人去理他，直弄到水尽山穷，看看一无生发的了，就打了个绝命主意。[绣像小说1905（48）3]

（d）呸，这种名目比做乌龟，带绿帽子，还要倒煤哩！[中国白话报1904（5）2]

按：清末民初，"倒霉/痗/楣—倒煤"为异形词，指遇事不利，遭遇不好。其中"倒"和"煤"还有离合形式"倒……煤"，如"为甚么要吃辛吃苦的讲旨出兵，来倒这个煤？"[杭州白话报1902第二卷（27）54]对于"倒霉"诸词形，有很多猜测，主要有梁楣倒塌说和"倒黄梅"简称说，如王艾录："楣：栋两侧的二梁，或指当门的前梁（门楣）。江淮人迷信，认为建屋时梁塌下是人亡之兆，所以要在上梁时燃烧鞭炮以驱邪避恶。""长江中下游地区黄梅季节又长又短，若持续时间长，就会发生涝灾，叫作'倒黄梅'，亦作'倒黄霉'，简称'倒霉'。"[1]杨琳认为"霉"（包括"楣""痗"等）是"晦"的古音在口语中的遗存。"倒"有逆反、背反的意思，"倒霉"犹言"背霉""背晦"，属于同义连文，这就是"倒霉"的理据。有些方言中有"倒邪霉""倒大霉"的说法，那是后人将"倒霉"理解为动宾关系的结果。[2]"倒霉"写作"倒煤"属于同音借用。

---

[1] 王艾录.汉语理据词典[Z].北京：华龄出版社，2006：52.
[2] 杨琳.倒霉·倒灶·刷子考源——兼释甲骨文"每"字[A].朱庆之编.汉语历史语言学的传承与发展—张永言先生从教六十五周年纪念文集[C].上海：复旦大学出版社，2016：233-247.

第二章 清末民初双音节异形词汇考

【机灵—机伶】

(a) 这人何等机灵，尚且不能想出一筹半策，何况我辈？既然你们要听，我也何妨说说呢。[申报 1907.12.28-18]

(b) 辽东各处，因筹欵办理清丈，直闹的民不聊生，老实的甘心忍受，机伶的就去入教，也有投入日本籍的，盼望有外人保护，好守住了财产。[京话日报 1906.02.06-3]

按：清末民初，"机灵"与"机伶"为异形词，"机灵"为同义复词，"灵"有灵活、灵巧、灵敏义，"伶"是"灵"的同音假借字。

【清澈—清彻】

(a) 时史其克窃隐身阶上，听歌声清澈，婉转动人，久之情为之移，不能自持忍，数数探首窥觇。[绣像小说 1905（54）113]

(b) 将上厅事，微闻音乐声，婉转清彻，与歌声无殊。及入室，室中无奏曲者，惟一箱置儿上，居室中央，其声自内出。[绣像小说 1903（2）8]

按：清末民初，"清澈"与"清彻"为异形词，均可表示"清晰响亮"义，如南朝宋·刘敬叔《异苑》卷一："浔阳姑石山在江之坻。初桓玄至西下，令人登，之中岭，便闻长啸，声甚清澈。"唐·冯贽《云仙杂记·造笙》："遇吹时，飞沙于中激扬，声愈清彻。"随着"彻"与"澈"的职能分化，"清澈"专用于表示水清净之义。

【顽固—顽锢】

(a) 中国人顽固的多，阅报的风气不大开，你劝他花钱买报看，他是不肯的，就是买报看的，也不能买得许多。[大公报 1905.05.30-3]

(b) 甚而至于有些顽锢不通的地方官，说起学堂两个字来，就像和他有什么冤家的一般。[申报 1908.08.15-20]

按：清末民初，"顽固"与"顽锢"为异形词，表示愚钝鄙拙，不知变通。"固"的本义为坚固，特指地形险要和城郭坚固。《荀子·王霸》："如是，则兵劲城固，敌国畏之。"引申指人专固，不知变通，"锢"通"固"。

【粗鲁—粗卤】

(a) 此时马克自觉粗鲁，暗想：人家不知我有心事，必要说我有意唐突，还不过去陪罪，等人家来问罪不成？[申报 1914.12.23-13]

(b) 一个白发白须的老矿夫，脸上垢污，眼光闪铄，但音相很为柔和，走近前来，言语虽则粗卤，情意很为浓厚。[绣像小说 1906（70）3]

按：清末民初，"粗鲁"与"粗卤"为异形词。"粗鲁"一词中，"鲁"表示粗俗，与"粗"同义并列，"卤"和"鲁"上古音相同，为来母鱼部字，在唐代，粗疏、鲁莽义的"鲁"就可以借作"卤"，如唐·杜甫《空囊》诗："世人共卤莽，吾道属艰难。"

（二）偏正式异形词

清末民初偏正式异形词共计91组，偏正结构是指构成复合词的两个词素，后一个为中心成分，前一个作为中心成分的修饰成分，起描写限制作用，主要包括定中结构和状中结构两种类型，定中结构的中心成分是名词性词素，限制性成分多为形容词性和名词性词素，主要表示对中心成分的功能、特征、领属、范围等的描写说明，清末民初定中结构的异形词共78组[①]，如：

【按语—案语】

(a) 我这一段按语，不知说的对不对，敢求高明君子，指教指教。[京话日报 1905.12.16-3]

(b) 所以又把古人讲民族的话，一段一段的演出来，给你们列位看看，又恐怕你们不懂，所以又加了几句案语，教你们一看就懂。[中国白话报 1904 (15) 24]

按：清末民初，"按语"和"案语"为异形词，均可表示对有关文章、词句所作的说明、提示或考证。所谓"按语"即审察之语，"按"的本义为用手向下压，《说文·手部》："按，下也。"段玉裁注："以手抑之使下也。""按"写作"案"属于同音借用。

【针黹—针指】

(a) 婆媳商议妥当，自打六月算起，赚来的针黹钱，每吊抽出二百文，攒到今年腊月底，无论多少，一齐送到户部银行。[京话日报 1906.08.01-3]

(b) 只见沈氏坐在灯下做针线，栖桐喜孜孜叫了一声行下礼去，沈氏连忙丢下针指。[小说画报 1917 (8) 151]

按：清末民初，"针黹"与"针指"为异形词，表示"针线活"。"黹"的金文写法为"黹"，像用绷子把布撑起来在上面绣出的花纹形。《说文·黹部》："黹，箴缕所紩衣也。""针黹"指缝纫、刺绣。由于"黹"是生僻字，较为难写，又可写作同音的"指"。

【梅雨—霉雨】

(a) 今年梅雨太多，钱塘江以上，如富阳、桐庐等县，地势最低。五月闲

[①] 以下列举66组，另有"账簿—帐簿、账目—帐目、板屋—版屋、版权—板权、臂弯—臂湾、身分—身份、非分—非份、职分—职份、混账—混帐、光彩—光采、精彩—精采、黑板—黑版"，见于第四章。

这场大雨,平地水高一丈四五尺,坏了无数房屋,死了无数百姓。[杭州白话报1901(5)5]

(b)睢宁来函云,睢宁霉雨兼旬,低田久经积水,白塘河淤久不修,前已覆岸。[竞业旬报1908(23)25]

按:清末民初,"梅雨"与"霉雨"为异形词,它们理据不同,"梅雨"着眼于季节,是黄梅时节下的雨,"霉雨"着眼于其影响,由于接连的阴雨天,器物容易发霉。明·李时珍《本草纲目·水一·雨水》:"梅雨或作霉雨,言其沾衣及物,皆生黑霉也。"

【工夫—功夫】

(a)自从你父亲死去以后这五六年内,你可曾在读书上头用过一天半天的工夫么?[竞业旬报1907(8)33]

(b)我们报馆里这一辈人,偏是狠忙狠有事,偏要管人家的闲事,用了思想,花了功夫,费了笔墨,捐了银钱……[杭州白话报1902第二卷(6)1]

按:清末民初,"工夫"与"功夫"为异形词,表示"作事所费的精力和时间"。"夫"旧指服劳役或从事某种体力劳动的人。《左传·哀公元年》:"夫屯昼夜九日。"杨伯峻注:"杜注以夫为兵,刘炫谓楚兵须攻须守,不能分散,'夫屯谓夫役屯聚'。""功夫"可以指工程夫役,如《三国志·吴志·王肃传》:"闻曹真发已踰月而行裁半谷,治道功夫,战士悉作。是贼偏得以逸而待劳,乃兵家之所惮也。"引申指作事所费的精力和时间。汪俐指出"功夫"在南北朝时就从"时间、努力"义中分离出单独的"时间"义,"工夫"在唐代也分离出专指"时间"的含义。①"功"和"工"语义存在关联,"工"和"功"同源,意义相通。

【功课—工课】

(a)率夫看了,沈吟了一会道:"这是我上次写信给他,问他今年教书,馆中功课如何,劝他在这教育上头尽一点国民的义务。"[绣像小说1905(43)1]

(b)每日教授的科目又不可不多,大约以繁难的科目教在先,以平易的科目教在后。工课完后,先生又可带小孩子出门一游。[安徽俗话报1904(2)19-20]

按:清末民初,"功课"和"工课"为异形词,"工",的甲骨文字形为"工",本义为建工的筑杵。引申指工程,又引申指功业、功绩,后来写作"功"。"工"与"功"同源,意义相通,因而工课也作功课。

---

① 汪俐."工夫"与"功夫"辨析[J].原道,2019(1):90-102.

【夙愿—宿愿】

（a）但不知他是谁家的小姐，若得此人为妻，也总算偿得夙愿了。［绣像小说1904（36）204］

（b）并且香山二十八景，也都见于典籍，因此总想前去开开眼界，可巧月初有个机会，偷了几天工夫，遂偿了我这场心头宿愿。［大公报1913.12.20-6］

按：清末民初，"夙愿"与"宿愿"为异形词，表示平素的心愿。"夙"的本义为天未亮就起来做事，《说文·夕部》："夙，早敬也。"引申指早晨，又引申为副词，表示向来、平素，如《后汉书·刘虞传》："虞虽为上公，天性节约……远近豪俊，夙僭奢者，莫不改操而归心焉。""宿"的本义为夜晚睡觉，《说文·宀部》："宿，止也。"引申指住宿的地方，又引申指隔夜的，睡到黎明，再引申指旧的，一向有的。"夙"与"宿"在引申义上有相通之处。因此常相互混用。

【氧气—养气】

（a）把他所有的轻气、氧气及种种不可思议气，倾囊解与吾利用。［竞业旬报1908（17）8］

（b）空气中顶要紧的是养气，我们正要吸他，才能教身体温熟，并鼓动一切的机关。［安徽俗话报1904（9）16］

按：清末民初，"氧气—养气"表示燃烧及动植物呼吸所必需的气体，其最初词形为"养气"，以气体的功能属性为之命名。"氧气"的产生与国家政策息息相关，为了与国际社会接轨，规范化学元素翻译混乱现象，国家决定为化学元素新造专用字，专用字充分运用了"偏旁表义"原则，凡气态元素均属以"气"旁，清末民初根据属性及特点命名的气体元素"养""淡""轻""绿"，现已规范为"氧""氮""氢""氯"，这均与语素字形体表义相关。"养气"气体义让位给"氧气"，而表示保养元气义。"偏旁表义"体现在形式上，是最直观的表义方式，在异形词分化中发挥着重要作用。

【混蛋—浑蛋】

（a）千年灵物不是个老乌龟么，一榻胡涂不是个大混蛋么？［小说画报1917（4）136］

（b）倒是听见人拿笔头儿对付他，也不过摇摇脑袋，生生气罢了，细按一按，他们真是个浑蛋，待在下将两样比一比，大概诸公就明白了。［竞业旬报1908（32）1］

按：清末民初，"混蛋"与"浑蛋"均可表示不明事理的人，"浑"与

"混"同源，在清末民初，由此构成的异形词另有"浑虫—混虫、浑人—混人、浑帐—混帐"等。在现代汉语中，"混蛋"偏向于表示胡搅蛮缠的人，而"浑蛋"偏向于表示糊涂的人。

【词藻—辞藻】

（a）可知政治家的言论、文学家的词藻多半撞虚捣鬼，一无真心实才。口头学上了两句野狐禅，那身价便妆出似天神一般。[中国白话报1904（13）44]

（b）造出些生离死别的情节，加上些个哀感顽艳的辞藻，岂不就是哀情小说么？[小说画报1917（1）100]

按：清末民初，"词藻"与"辞藻"为异形词，表示"诗句中的藻饰"，"词"与"辞"均有"言语、言辞"义，如《公羊传·昭公十二年》："《春秋》之信史也，其序，则齐桓、晋文；其会，则主会者为之也；其词，则丘有罪焉耳。"《礼记·曲礼上》："毋不敬，俨若思，安定辞。"孔颖达疏："辞，言语也。"

【瓷器—磁器】

（a）却说那时中国的瓷器比现在造得精致，西洋人还未能仿造，后来有葡萄牙国的人从中国运了瓷器到西洋去卖，那瓷器的价值贵重得狠。[杭州白话报1902第二卷（4）7]

（b）去逛博物院，院主领着头，先瞧印度的兵刃、头盔，还有一张全金的宝座，下来是埃及，再下来是土耳其，再下来是日本，临了是中国的磁器跟象牙雕成功德东西。[绣像小说1903（5）14]

按：清末民初，"瓷器"与"磁器"为异形词，"磁器"本指磁州窑烧制的瓷器，后泛指瓷器。如明·王鏊《震泽长语·杂论》："嘉靖初，籍没朱宁货财……锡器磁器三百扛。"

【度量—肚量】

（a）那知道中国人，自上至下，度量真是宽宏，直如同没有事的一样，然后这才弄出庚子年这一段千古大新闻。[大公报1905.01.30-5]

（b）哈哈，庄子说道："呼我为牛者，应之为牛，呼我为马者，应之为马。"你们大家，都有这股肚量，真不愧做小民、愚民、顽民、乱民，做贼，做士匪哩！[中国白话报1904（5）2]

按：清末民初，"度量"和"肚量"为异形词，表示"器量，气度"，二者各有理据，"度"有胸襟，器量义，如《史记·高祖本纪》："常有大度，不事家人生产作业。""肚"，肚子，"肚量"，用肚子容量喻指度量。

【噩梦—恶梦】

（a）濮玉环道："这是你日夜劳乏，神经不固，所以才有这场噩梦的。你

且安息一番。莫弄坏了身体。"[绣像小说1904(31)2]

(b)急废书而睡,则已逃不出那日有所思夜有所梦的公例,这一夜的恶梦竟把我扰得精神恍惚,三四天未见笑容。[小说画报1917(1)132]

按:清末民初,"噩梦—恶梦"为异形词,在具体语境中使用无别,由于语素字"噩"与"恶"存在语义上的差别,"噩"的常用义为凶恶,而"恶"的常用义为不好。在现代汉语中,"噩梦"与"恶梦"已分化为两个不同的词,曹先擢、苏培成主编的《汉字形义分析字典》:"'噩'着重在惊,'恶'着重在凶。'噩梦'指使人惊恐的梦。……'恶梦'指凶恶的梦。"①

【腊梅—蜡梅】

(a)冬季里相思腊梅开,国魂一去不回来。好悲哉,眼看中国,真是大舞台,愿我同种人,千万要把那铁血主义挂胸怀。[绣像小说1904(27)1]

(b)十二月里蜡梅香喷喷,自家难保自家身。开化事体勿会做,唱只山歌劝别人。[绣像小说1903(2)2]

按:清末民初,"腊梅"与"蜡梅"为异形词,表示一种梅花,"腊"与"蜡"各有理据,"腊梅"是从盛开时间命名的,从字面意义暗示阴历腊月前后盛开,"蜡梅"是从花瓣颜色命名的,从字面意义突出了花色似蜜蜡的特点。

【角色—脚色】

(a)只为古往今来,那些人情时态,再遇好角色演出,事事如在眼前。[京话日报1906.06.02-1]

(b)个个登台演重要脚色,请想今夜的戏,可不看么?[申报1916.10.02-13]

按:清末民初,"角色—脚色"具有演员扮演的剧中人物义。从戏剧戏曲专业角度看,"角色"和"脚色"区别明显,"脚色"指戏曲演员专业分工的类别,如京剧中有生、净、旦、丑。而"角色"指演员扮演的剧中人物。赵晓庆、麻永玲指出:"戏剧戏曲领域中用作'剧中人物'和'演员'义的'脚色'大量异写作'角色'实际晚至清中期以后才开始出现。"②"脚色"之所以异写为"角色",与语音演变造成的"脚""角"读音混同相关。在上古及中古时期,"角""脚"的主元音不同,因此通用的情况不多。到了近代,二字在《中原音韵》中由觉韵、药韵入声字共同转入了萧豪韵的上声,它们变得韵部相同了,但所处的等("角"为二等字,"脚"为三等字)还有细微差别,十七世纪中期

---

① 曹先擢,苏培成.汉字形义分析字典[Z].北京:北京大学出版社,1999:129.
② 赵晓庆,麻永玲."脚色"与"角色"[J].辞书研究,2017(1):73-80.

到十八世纪中期的一百年间，受腭化影响，汉语声母从见、溪、晓和精、清、心中分化出了尖音j、q、x，此类声母二、三、四等字也开始混而不别，这就造成了北方话口语中"角""脚"在音读上完全相同，使得"角色"与"脚色"异写形式大量涌现。

【浑名—混名】

（a）那位老先生，面上有几点白麻，颔上略有几茎微须。……这位老先生你道是谁，原来是浑名叫做小说嘴的牛大叔。[申报1908.07.02-12]

（b）广西匪党头目滕正义，又有个黄四，混名独眼龙，结党六七百人，在上林县三里墟附近屯聚。[京话日报1904.11.25-1]

按：清末民初，"浑名—混名"为异形词，表示绰号，本字作"诨"，"诨"指逗趣的话，《玉篇·言部》："诨，弄言。"《水浒传》第二九回："那厮姓蒋名忠，有九尺来长身材。因此江湖上起他一个诨名，叫做蒋门神。""浑""混"与"诨"读音相同，因此，又可写作"浑名""混名"。

【伙伴—火伴】

（a）雄县秦各庄，有一个玉器客人张敬修，在光绪二十五年冬天，携同伙伴韩大雨，住刘镇吕家店坐庄。[京话日报1906.03.31-4]

（b）几分钟后便见两个法兰西兵已爬上了山，立定了回着头，好似在那里照呼下边的火伴。[申报1915.03.04-14]

按：清末民初，"伙伴"与"火伴"为异形词，表示"共同参加某种组织或从事某种活动的人"。"火伴"指古代军事编制，元魏时五人为列，二列为火，十人共一火炊煮，所以同火的士兵称为"火伴"，如《乐府诗集·木兰诗之一》："出门看火伴，火伴皆惊惶。"唐代时，"火"还是军队下层的一级组织。《新唐书·兵志》："五十人为队，队有正；十人为火，火有长。""火伴"引申为同伴之义。后来同火共炊的军事编制改变了，"火伴"的理据被淹没了。"伙"为后起字，约产生于宋元时期，表示"伙食、饭食"义，"夥"亦为后起字，表示"由同伴组成的集体"义，"伙""夥"均是分化"火"的词义而产生的今字。张舜徽《清人笔记条辨》卷六："按：湖湘间旧称兄弟分居异爨曰分火，或曰拆火；称人之共成一事而忽离弃者曰散火。反之，共营同谋则曰同火，或曰合火。俗字加人旁作'伙'，因称伙伴、伙同，无复作'夥'字矣。"现代汉语中，"夥"简化为"伙"。

【家伙—傢伙】

（a）斐德力见了他这般局促的光景，恐怕他以老羞成怒，连忙分解道："你第一次用这个家伙，怪不得用不惯，我们当初第一次用的时候，也是这个

样儿。"［申报 1907.11.29-18］

（b）檀柯道："我等已将必需的傢伙，带了出来，这里若有木料，赶速将棺木造起来，旁晚就可以造成。"［绣像小说 1904（38）29］

按：清末民初，"家伙"与"傢伙"为异形词，表示"指家具、器皿等对象"，"家"是"傢"的本字。"傢"是"家"的后起分化字。专用于"家伙""家具""家什""家生"等词。由于职能分化不彻底，"家"未完全退出这一领域，导致"家"与"傢"长期混用。

【小气—小器】

（a）王英笑道："你也不庸客气了，大菜我无福气吃，这小酒钱待我小气人会了罢。"［申报 1908.03.28-12］

（b）那些不肯瞎用钱的人，大家反要说他吝啬小器，你叫这个道理，从那里讲起？［中国官音白话报 1989（5、6）7］

按：清末民初，"小气"和"小器"是异形词，均都可表示吝啬、不大方义。"器"本指器物的容量，喻指人的度量涵养，器量小的人往往很难包容，斤斤计较，可能导致吝啬，"气"表示气派、气概，气概小的人不大气，不慷慨，也可导致吝啬，所以"小器—小气"在吝啬义上出现了混同。

【酒窝—酒涡】

（a）不论别的，单论你粉颊上这两点小酒窝儿，已不及往常深浅，像这样老远折磨了你，教我心上如何过意得去。［大公报 1918.05.29-11］

（b）长长的两道蛾眉，斜飞入鬓，弯弯的一双凤目，顾盼生姿，颊上深深的两个酒涡，似笑非笑的十分动目。［申报 1909.04.05-26］

按：清末民初，"酒窝""酒涡"为异形词，表示"笑时脸上出现的小圆窝"，"窝"与"涡"从两个方面描述了酒窝的心态，"窝"表示凹陷，"涡"指涡状，漩涡形。"酒窝"与"酒涡"各有理据。

【佣人—用人】

（a）○老伯伯告诉小弟弟○学生子寄语同学兄○老板说与伙计○佣人告诸东家［申报 1915.08.11-9］

（b）譬如人家家里，看见有个外客，在大厅坐着要安锅灶，放铺盖，指使家里的用人，竟要侵夺主人家的权柄。［京话日报 1904.12.02-1］

按：清末民初，"佣人"与"用人"为异形词，表示"受雇佣的人，仆役"义。"佣"和"用"同源，二者为主被动关系，"佣"表示被雇用，《玉篇·人部》："佣，佣雇也。"《字汇·人部》："佣，雇役于人也。""用"不仅可表示雇佣关系，还可表示上下级的任用，等等。如果特指雇佣关系，用人的主体为雇主，客体则为佣人。

【晦气—悔气】

（a）正在为难的时候，被卢阿么一个耳刮打去，说："你这倒霉鬼，那里来的晦气，输的钱可算你一个人的？"［京话日报 1904.11.14-3］

（b）我方始如梦初醒，胡乱答道没有快去，只听得他一壁走，一壁还唠唠叨叨的说道："新年新岁就被人拒绝，真是悔气"［申报 1916.02.19-14］

按：清末民初，"晦气"与"悔气"为异形词，表示"倒霉"义，"晦"的本义为阴历的最后一天，这时的月亮是看不见的。《说文·日部》："晦，月尽也。"引申指昏暗、不明亮，又引申指"愚昧""倒霉"等义。"悔"，通"晦"。如元·李文蔚《燕青博鱼》第三折："这也是你自家的悔气，着那厮打了，我好不心疼哩。"

【茅厕—毛厕】

（a）本塾的宗旨，原为开通下愚起见，就是淘茅厕的来学，也要恭恭敬敬的拿学生待他。［京话日报 1905.03.31-1］

（b）平生在推屎党中，要算雄才大略，被臣工劝进，毛厕称尊。但登基以来，各屎依然未能齐整，所以坐在金銮殿上，怒气冲天。［大公报 1914.04.25-13］

按：清末民初，"茅厕"与"毛厕"为异形词，表示厕所。"茅厕"为偏正结构，"厕"表示便所，"茅"用于修饰"厕"，强调其材料，是茅草搭建成的，"毛"是"茅"的同音字，其形体更为简洁。

【阖家—合家】

（a）幼儿病势越加沉重，转了肺风，昼夜抽喘，命在旦夕，隆姓阖家束手无策，幼儿堪堪待毙。［京话日报 1916.01.23-4］

（b）实只望生生世世常居住，好与全家老此响，不想风波平地起，合家安得不惊惶。［小说画报 1917（1）156］

按：清末民初，"阖家"与"合家"为异形词，表示全家之义，"阖"与"合"同源，"阖"本指门扇、门板，《说文·门部》："阖，门扉也。"后来引申为总共、全。"合"的甲骨文作"𠆣"，会器盖与器体相扣合之义，引申指闭合，后来又引申为总共、全。

【黧黑—黎黑】

（a）也有周而后始的皮带，也有吁吁锯木声，也有丁丁打铁声，也有面目黧黑的工人。［申报 1915.06.15-14］

（b）耆，音垢，耆□有垢的意思。人老面色黎黑，仿佛有了尘垢，又当

寿字讲，所以篆文寿字从耆。[京话日报 1905.07.28-4]

按：清末民初，"黧黑"与"黎黑"为异形词，表示（肤色）黝黑，"黎黑"为同义并列，"黎"可以表示黑色，如《书·禹贡》："厥土青黎。"孔传："色青黑而沃壤。"这个意义后来写作"黧"。

【浑身—混身】

（a）柴米油盐日日红，无钱真个逼英雄，浑身力气无能使，纵极精神也是穷。[安徽白话报 1909（2）31]

（b）鸟字同乌字相彷，鸟字篆文，本是像鸟的形，比乌字多一笔，多的那一笔，就是鸟的眼睛。老鸦混身漆黑，分不出眼睛来，所以少了一笔。[京话日报 1905.01.21-4]

按：清末民初，"浑身"与"混身"为异形词，表示全身义。"浑"有"全，整个"的意思，如汉·扬雄《法言·问道》："合则浑，离则散，一人而兼统四体者，其身全乎？""混"为"浑"的音同假借字。

【鸿福—洪福】

（a）烈妇看事不妙，无处声冤，出其不意，猛然取出刺刀，向着咽喉一刺，幸亏差役人多，也是老爷的鸿福，□手八脚，勉强救住，烈妇这才保住性命。[京话日报 1906.01.16-5]

（b）虽然这几年间亏空，欠外债，括地皮，人人叫苦，老佛爷总不愁没得用，还要造铁路预备游园，真是洪福齐天呢！[杭州白话报 1902 第二卷（19）2]

按：清末民初，"鸿福"与"洪福"为异形词，表示"大福气，好福气"。从异形语素看，"鸿"与"洪"都有"大"义，"鸿"的本义为大雁，"洪"是大水，后都引申为"大"义。在跟其他语素组合时，二者常发生混用。

【相片—像片】

（a）只安笄娘却芳心中，似有一段愁肠一般，每天必向玉佛旁边一张中年妇人的相片流泪。[小说画报 1917（1）26]

（b）他老人家已是六七十岁了，他的像片，真是万国九州都传遍。[竞业旬报 1908（33）32]

按：清末民初，"相片"与"像片"为异形词，表示照片。"相"的本义为察视，《说文·目部》："相，省视也。从目，从木，《易》曰：'地可观者莫可观于木。'"引申指目所接触到的人或物的形貌、状态，即相貌、模样，如《荀子·非相》："术正而心顺之，则形相虽恶而心术善，无害为君子也。""相片"为偏正结构，表示反映人相貌的图片，"相片"是个口语词，其书写形式的形成大概同早期照相的实际情况有关，因为早期照相，只照头部，侧重表现相貌，因此写作"相"，"像"是"相"的同音假借字。

【精华—菁华】

（a）终久必把中国历史上，遗传下来的宝物，全世界爱护的重器，数千年以来文化的典型、国脉精华一起断送得干干净净。[京话日报1914.08.03-2]

（b）从前永乐皇帝，最喜欢先曾祖的书法，教他写一回字，必要赐一回书，什么御批通鉴啊，佩文韵府啊，子史菁华啊，样样都有。[申报1908.07.21-20]

按：清末民初，"精华"与"菁华"为异形词，指"指事物之最精粹、最优秀的部分"。"精"本义指纯净的米，引申为精粹、精华。《易·干》："大哉干乎！刚健中正，纯粹精也。"孔颖达疏："六爻俱阳，是纯粹也，纯粹不杂是精灵，故云纯粹精也。"高亨注："色不杂曰纯，米不杂曰粹，米至细曰精。此用以形容天德，是其引申义。""菁"本义指韭菜的花，"菁华"喻指事物的精粹部分。

【诡计—鬼计】

（a）这一下子，把个日本统帅奇怪极了，想着天下那有这样便宜的事情，摸不着中国人的意思，还只说中国人有什么诡计。[申报1909.04.29-26]

（b）哼哼，你们暂且不要开心，等我去送个信给黄家，揭破你们鬼计，包你一天大事，瓦解冰销，看你还有甚么法子好想。[绣像小说1903（3）3]

按：清末民初，"诡计"与"鬼计"为异形词，表示狡诈的计谋，"诡计"本指奇计，如《晋书·羊祜传》："吴石城守去襄阳七百余里，每为边害，祜患之，竟以诡计令吴罢守。"后来指狡诈的计谋，《水浒传》第一〇六回："倪慑道：'城中必有准备。我每当速退兵，勿中他诡计。'""诡"写作"鬼"属于同音假借。

【呆气—獃气—騃气】

（a）怜英笑道："我说你这人有六分痴气，三分呆气，一分邪气，果然一点，你凭空说有一个女子，便来问我他的姓名住址，莫非也要我凭空杜撰出一个姓名住址出来么？"[小说画报1918（18）21-22]

（b）约西恐怕欧丽又发獃气，连忙高喊说道："傻子，你冻死了怎么得了。"[绣像小说1905（41）44]

（c）秦保笑道："哥儿又说笑话来了，我小姐虽然有些騃气，也不致于连个老相公也发起騃来，天下难道还有第二个窦小姐不成？"[申报1913.05.11-13]

按：清末民初，"呆气""獃气"与"騃气"为异形词，犹傻劲儿。形容执着、不灵活。"獃"是"呆"的古字，"騃"是"獃"的假借字。"騃"在汉代就有愚痴义，如《汉书·息夫躬传》："左将军公孙禄、司隶鲍宣皆外有直项之名，内实騃不晓政事。"颜师古注："騃，愚也。""呆"训愚痴，是元代才出现的，呆，是会意字，口舌木讷，即迟钝，即愚笨。张惠英认为，"呆"，《广韵》哈韵的五来切，今音当读 ái，今普通话的 dāi，实际读的是"懛"字的音。《集韵》哈韵当来切小韵："懛，懛呆，憿悦也。"①

【黏液—粘液】

（a）大蜘蛛把白色的黏液吐完，瞧那苍蝇装了银的一般紧紧的裹住，好似回教徒，把个尸身用白布捆得挺硬。[小说画报 1918（18）65]

（b）鼠之步行时，其脚底必泌有一种之粘液，其爪虽利，而能走险如夷者，则全赖此粘液之作用也。[竞业旬报 1909（39）44]

按：清末民初，"黏液"与"粘液"为异形词，表示植物或动物体内分泌出来的粘稠的液体。"黏"的本义为相附着，胶合。《说文·黍部》："黏，相着也。""粘"为"黏"的异体字，《玉篇·米部》："粘，与黏同。"《广韵·盐韵》："黏，女廉切，粘，俗。"后来，"黏"和"粘"的读音和意义发生了分化。

【二心—贰心】

（a）开城的人，明晓得危在旦夕，也没一个人二心的，到了贼兵破城的时候，城中只剩了四百个又病又饿扒不起来的人。[安徽俗话报 1905（20）4-5]

（b）先到了猫跟前，足恭曲谨的说了好多诡言媚语，称猫为大王，自称为小臣，并说从此以后，愿尽忠于大王，至死不敢有贰心。[大公报 1915.12.09-7]

按：清末民初，"二心"与"贰心"为异形词，表示异心，不忠实。《说文·贝部》："贰，副益也。"段注："当云副也，益也。"引申为不专一，怀有二心。如《书·五子之歌》："太康尸位以逸豫，灭厥德，黎民咸贰。"孔传："君丧其德，则众民皆二心矣。"《文选·张衡〈东京赋〉》："于时蒸民，罔敢或贰。"薛综注："言是时众民无敢有二心于莽者。"

【座位—坐位】

（a）莹珠方才一步一步的踱得上了自家座位，不由望着书本子一挂一挂的泪痕从腮颊两旁直流下来。[大公报 1918.05.21-11]

（b）这天因是端节，所以看戏的人格外的多，幸亏预定了包厢，否则这

---

① 张惠英.说"呆、獃、騃、懛"[J].语文研究，1985（4）：48—51.

些一大队的鬼恐怕连坐位都要没有呢![申报1913.06.28-13]

按:清末民初,"座位—坐位"为异形词,《说文·土部》:"坐,止也。从留省,从土。土,所止也。此与留同意。"段注:"引申为席地而坐。"又指坐的地方,如《论语·宪问》:"蘧伯玉使人于孔子。孔子与之坐而问焉。""坐"指座位,这个意义后来写作"座"。由于"坐"职能分化不彻底,仍然有"座"用作"坐"的情况。

【克期—刻期】

(a)我中国,向认朝鲜为属国,因派兵去救护他,不料日本国不肯教中国干预,去僭他的面子,彼此开衅,克期决战。[杭州白话报1902第二卷(1)1]

(b)我们这生意虽然还不至此,但是冷热货,没销场的时多,就算赚得几文,是不能刻期的。[绣像小说1905(44)1]

按:清末民初,"克期"与"刻期"为异形词,表示"限期,定期"。"刻"本义指雕刻。《说文·刀部》:"刻,镂也。""刻"还可表示计时单位,古代以漏壶计时,一昼夜分为百刻。以"刻"定时,古已有之,因此,"克期"即刻定的日期,即限定的日期。"克"俗作"剋",亦有严格限定义,多用于时间,如《后汉书·杨厚传》:"(厚)又剋水退期日,皆如所言。"《晋书·荀晞传》:"剋今月二日,当西经济黎阳。"今"剋"已简化作"克"。

【匾额—扁额】

(a)你们没钱也就罢了,何必又拉上几个穷人,还是赏功名,还是挂匾额,或者是利钱重,若是白花些钱,有甚么益处?[京话日报1906.05.17-1]

(b)勿论精神与形式,学堂扁额重新设。讲堂斋舍修复修,学生不来尽由他。我到上头回复去,归来妻子团团坐。[中国白话报1904(21-24)113]

按:清末民初,"匾额"与"扁额"为异形词,表示"挂在厅堂、轩斋或亭榭上的题字横额"。"扁"的本义为题署,即在门户上题字。《说文·册部》:"扁,署也。从户、册。户册者,署门户之文也。"后来"扁"字发生了动静引申,"动静的引申又称作'名动相因'"①,挂在门户上署字的木板也称作"扁",如宋·洪迈《容斋随笔》卷八:"遂粉刷一扁,妄标曰'通应庙'。"因"扁"是块长方形横牌,后来分化出"匾",加"匚"以强调匾额之形。

【肢体—支体】

(a)故此那得了瘫痪病的人,你就把他的肢体,用刀割下去,他心里绝不

---

① 苏建洲.新训诂学[M].上海:上海古籍出版社,2020:164.

知道疼痛的。［大公报 1903.03.28-3］

（b）大凡人身的支体是有形的，人身的精神是无形的，支体不强健，医好他容易，精神不充足，弄好他繁难。［申报 1913.01.08-9］

按：清末民初，"肢体"与"支体"为异形词，表示"躯体"。"支"的本义为劈下的一个竹枝。《说文·支部》："支，去竹之枝也。从手持半竹。"是"枝"的本字，通过相似联想，大树的分支为枝叶，人的分支为肢体，故引申指肢体，此义后作"肢"，加"月"旁，专指肢体义。由于职能分化并不彻底，在肢体这个义位上，"支"可以用作"肢"。

【旁边—傍边】

（a）马力不足，全车反倒，华人伤头折脚的倒有一半，连旁边看的男女西人，都出眼泪，你想这事可惨不可惨？［杭州白话报 1902 第二卷（27）2-3］

（b）譬如审案的时候，傍边听的人，觉着有不公道的地方，可以不可以上去辩驳？［绣像小说 1905（58）56］

按：清末民初，"旁边—傍边"为异形词，分别表示"近侧、附近""他人、别人"义，"旁"的甲骨文为 ，从凡（井盘），从方，会井盘之四帮之意。引申指"边侧"，又引申指"另外的，别的"，"傍"为"旁"的分化字，可以表示"边侧"义。

【佐证—左证】

（a）然则其必为女子，且必为一人，非特鞋印足以证之，即自入门至此室之地上尘迹。亦可佐证之。［竞业旬报 1908（17）57］

（b）又谓官曰："姑宥之，取一万掘勒钦来，以为左证。"从其言，果得一万掘勒钦。［绣像小说 1905（42）56］

按：清末民初，"佐证"与"左证"为异形词，"左"本义为辅助、辅佐。《说文·左部》："左，手相左助也。从𠂇，工。"段注："左者，今之佐字。《说文》无'佐'也。"《玉篇·左部》："左，助也。"后来"左"假借为"𠂇"，表示左手，或用于假借义，表示方位，与"右"相对。由于"左"词义较多，其本义由"佐"承担。但由于词义职能分化并不彻底，在辅佐这个义位上，"左"可以用作"佐"。

【彗星—慧星】

（a）此外别有一种彗星，怎叫彗星呢？这彗字当作扫帚讲，因为这种星有一道白气，远看彷佛似一把扫帚，故此叫彗星，俗也叫扫帚星。［大公报 1904.12.21-2］

（b）（问）怎么叫做慧星呢？（答）俗话叫做扫帚，就是慧星。［安徽俗

话报 1904（8）32]

按：清末民初，"彗星"与"慧星"为异形词，绕太阳运行的一种星体。后曳长尾，呈云雾状。俗称扫帚星。"彗"有扫帚义，如《史记·孟子荀卿列传》："(驺子)如燕，昭王拥彗先驱，请列弟子之座而受业，筑碣石宫，身亲往师之。"司马贞索隐："彗，帚也。谓为之埽地，以衣袂拥帚而却行，恐尘埃之及长者，所以为敬也。""慧"是"彗"的同音借字。

【脾气—皮气】

（a）王衡甫道："我亦见过这个人，只是不晓得他的脾气。"[申报 1908.07.10-20]

（b）在下是中国第一个顽固不开化的大傻子，天生来的有一个固执的皮气，凡作一事，必由头至尾思想数回。[大公报 1905.06.17-3]

按：清末民初，"脾气—皮气"为异形词，其本字当为"脾气"，"脾"和"皮"都是人体重要组成部分，"脾"是内脏，而"皮"是皮肤，"脾气"是中医学术语，本指肝脏之气，如《素问·生气通天论》："是故味过于酸，肝气以津，脾气乃绝。"中医学中人的情绪由内脏所主，这种理念在构词中便可体现出来，表示情绪的如"肝肠寸断、大动肝火、伤心欲绝"等，表示性情的如"没心没肺、脾胃相投、肝胆相照、脾性"等，由此可见，"脾气"由于文化义而发生词义转移，由"肝脏之气"转为"性情"，这是情理之中的事情。

"皮"在汉语的构词中未有此文化涵义，之所以写作"皮气"，是由于"脾"与"皮"语音相同，而"皮"笔画简便，便于书写。"皮气"在明代文献中可见，如《水浒传》第二十一回："只这一声，提起宋江这个念头来。那一肚皮气正没出处，婆惜却叫第二声时，宋江左手早按住那婆娘，右手却早刀落。"清代"皮气"的写法更为多见，如《大八义》第十一回："那孔星在丁寨住了有半个月，他将银凤的皮气摸准了，他便在书房里边随随便便。""皮气"作为一种俗写词形，其数量远远不如"脾气"，且"脾气"理据性强，在现代汉语中，已经不见"皮气"词形。

【镶黄—厢黄】

（a）清室镶黄旗侍卫常春，十三日在干清门外值班，因天降大雪，该侍卫身上单寒，冻的打冷战。[京话日报 1917.12.16-3]

（b）八旗本满洲兵制，营里的旗子分正黄、正白、正红、正蓝、厢黄、厢白、厢红、厢蓝八色，所以叫做八旗兵。[安徽俗话报 1904（6）17]

按：清末民初，"镶黄"与"厢黄"为异形词，清代满族户口以军籍编制，分正黄、正白、正红、正蓝、镶黄、镶白、镶红、镶蓝八旗。其中，正白、正

83

黄、镶黄为上三旗（亦称内府三旗），隶属亲军，其余五旗为下五旗。八旗的旗分，以军旗颜色命名，"正"即纯，"镶"即镶嵌，"镶黄旗"为黄色旗镶红边，"镶白旗"为白色旗镶红边，"镶红旗"为红色旗镶白边，"镶蓝旗"为蓝色旗镶红边。"厢"，用同"镶"。

【二黄—二簧】

（a）他两姊妹儿因有这位太太在座，万分局促，合唱了一套二黄，又唱一套小调。[申报 1914.03.01-14]

（b）到了正月初一，瞧见煮饽饽，不来个苦头，已经算我心宽啦，真要喝两盅烧刀子，一高兴再唱段反二簧，您说我算哪道肺？[京话日报 1916.02.10-1]

按：清末民初，"二黄"与"二簧"为异形词，"二黄"源出湖北省黄冈、黄陂，故名。因此，写作"黄"，"簧"是"黄"的同音借字。

【蒸汽—蒸气】

（a）譬如造汽机的瓦特，因看开水壶的热气，能顶的动壶盖，才悟出蒸汽的力量。[京话日报 1904.10.22-1]

（b）这封信粘得很为坚固，想必定又有秘密要紧得事，拆了一会，竟是不开，只得用蒸气烘透了，这才慢慢扯开。[绣像小说 1904（36）42]

按：清末民初，"蒸汽"与"蒸气"为异形词，表示水加热到沸点所变成的水汽，即气态的水。"汽"有水蒸气义，如《集韵·未韵》："汽，水气也。""气"有气体义，二者各有理据，清末民初，"水蒸气—水蒸汽"亦为异形词。

【保姆—保母】

（a）按北京各宅门的奶妈子，本没有保姆学的知识，背地里打骂主人的孩子，还是小事，……[京话日报 1914.03.14-4]

（b）帝尧让位大舜，大舜让位禹王，多们样正大光明，把天下百姓，看成骨肉一般，犹如自己的婴儿，托付给一位保母。[京话日报 1906.03.06-6]

按：清末民初，"保姆"与"保母"为异形词，"姆"在古代指以妇道教人的女教师。如《仪礼·士昏礼》："姆纚笄宵衣在其右。"郑玄注："妇人五十无子，出而不复嫁，能以妇道教人者，若今时乳母矣。"后指保姆。

【筹码—筹马】

（a）钱胡子当下叫娘姨撮台子，娘姨答应，拿出一付麻雀牌，派好筹码。扳了座位。[绣像小说 1904（19）4]

（b）顺林儿叫天喜进去，拿麻雀牌和筹马，一面在套间那张红木小木台子上点上四支洋蜡，照得通明雪亮。[绣像小说 1904（36）1]

第二章 清末民初双音节异形词汇考

按：清末民初，"筹码"与"筹马"为异形词，"筹马"本为古代投壶计算胜负之具，《礼记·少仪》"侍射则约矢，侍投则拥矢。胜则洗而以请，客亦如之。不角，不擢马。"孔颖达疏："投壶立筹为马……每一胜辄立一马，至三马而成胜。"后来，博局以物计胜负亦沿称"筹马"。如清·蒲松龄《聊斋志异·念秧》："既散局，各计筹马，王负欠颇多。""码"为"马"的后起分化字，用于表示数目的用具，如砝码，筹码。

【器具—器俱】

（a）熊夫人抓不着人，只说是胡甲生就悮的，更把他恨如切齿，只把那些衣饰器具，一古脑儿都卷了回去。[申报 1910.03.30-27]

（b）启者本行经理那威国著名电机厂专制造各种电语器俱、交换机，以及电语应用各式对象，制作精良，价目极廉。[申报 1913.10.11-14]

按：清末民初，"器具"与"器俱"为异形词，表示用具。"具"的本义为供设酒食，《说文·廾部》："具，共置也。"引申泛指备办，准备，又引申指所备办的器具、器物。如《左传·襄公二十三年》："季孙喜，使饮己酒，而以具往，尽舍旃，故公鉏氏富。"杜预注："具，飨燕之具。""俱"为"具"的异体字，这可能受"家具"的影响，"家具"又作"傢具"，受偏旁类化作用影响，"具"又作"俱"。

【伙计—伙纪】

（a）这个时候儿，便有那丧尽天良、乌饭心肠的伙计们，趁着老先生有病不能管事，子弟们的狂用不知节省，便多生了几双手儿，黑五黑六的瓜分了许多。[杭州白话报 1902 第二卷（7）2]

（b）后来还是店里几个伙纪上来把俺妈同俺架了回去，回到店里，那可不象样子了。[绣像小说 1904（18）2]

按：清末民初，"伙计"与"伙纪"为异形词，表示"店铺或财东的佣工"，据《昭通方言疏证》记载："同辈谓之火计，此今语也。魏时军人同食者称火伴，汉时吏民被征诣长安者令与计偕，故今口语曰火计。""计"写作"纪"属于同音通用。

【车厢—车箱】

（a）停了一会儿，汽笛一声火车就开了，车厢里的客也有打扑克的，也有的喝外国酒的，也有的看书的，也有的阅报的。[小说画报 1918（15）62]

（b）看见人家，也有下车来买烤饼吃的，也有在车箱里抽出书来看的，也有扯过马褥子来盖着睡觉的，无不神闲气静。[绣像小说 1904（34）2-3]

按：清末民初，"车厢"与"车箱"为异形词，表示"车的负载空间"。

85

"箱"的本义为车箱，箱内可盛物，可坐人。《说文·竹部》："箱，大车牝服也。"段注："郑司农云：'牝服谓车箱，服读为负。'""厢"的本义为厢房，即正屋两边的房屋，引申为像厢房的隔间。"箱""厢"所指不同，但二者都是长方形的，形状相似，因而可以相互通用，且读音也相同，上古音均为心母阳部字。

【门槛—门坎】

（a）正说着，他的娘来了一脚跨进门槛，见了小凤的脸色，不觉吃了一惊。[小说画报1917（11）55]

（b）限音现，限有止住的意思，要有限止，必先画界限就是界，门坎本叫门限，亦有限止之意。[京话日报1904.12.09-4]

按：清末民初，"门槛"与"门坎"为异形词，指"门框下部挨着地面的横木（或长石等）"，"门槛"与"门坎"各有理据。"槛"本指关兽类的栅栏，引申为房子的栏杆，再引申指门下的横木。如《明史·太祖纪一》："移兵两河，破其藩篱，拔潼关而守之，扼其户槛。""坎"的本义指地面低陷的地方，《说文·土部》："坎，陷也。"坑穴有高低，故引申为条坎，即自然形成或人工筑成的条状突起，或像台阶形的东西。北魏·贾思勰《齐民要术·柳》："至春冻释，于山陂河坎之旁，刈取箕柳，三寸截之，漫散，即劳。""河坎"指成台阶状或斜坡状的河岸。

【标志—标识】

（a）那警察长眉头一绉，说道："待我在道中做下一个标志，庶发枪时易于瞄准。"[申报1916.01.01-14]

（b）徐老头儿说："我们言语不通，就要降他，也无一个标识，还不是一阵乱杀，送了性命，岂不冤枉？"[绣像小说1904（20）2]

按：清末民初，"标志"与"标识"为异形词，表示"识别的记号"，"志"有做记号义，如晋·陶潜《桃花源记》："既出，得其船，便扶向路，处处志之。""识"亦有做记号义，如《周礼·考工记·匠人》："为规，识日出之景与日入之景。"

【界限—界线】

（a）本报由中国竞业学会同人所发起，无省府州县界限，故定名为中国公报。[竞业旬报1908（11）61]

（b）岂不知外国划区，并不是照着北京八旗地面是的分开界线就算完了，里面好些个法子呢！[京话日报1905.12.15-1]

按：清末民初，"界限"与"界线"均可表示不同地域分界的边线，由于语素字"限"与"线"存在语义上的差别，"限"表示界限，"线"表示实体线,因此其语义差别逐渐凸显,蒋荫楠:"这两个词可让它们规范分工:'界限'专指不同事物的分界,限定的范围(多用于抽象意义),'界线'专指具体分界线。"① 现代汉语中,"界线"与"界限"已完成分化,两个地区分界的线用"界线"表示,而"界限"则用于表示抽象意义,不同事物的分界,二者俨然已经变为同义词。

【秘笈—秘籍】

(a)这里郑星莱却到他妻子房里,打开秘笈,来细细一看,不禁喜的跳了起来,道:"老钱真是鬼精灵,怎么不要佩服他。"[申报 1914.02.25-14]

(b)此书真正事实,确有线索可寻,乃搜罗秘籍百数十种,竭四五年之力,纂成此书。[申报 1916.11.21-1]

按:清末民初,"秘笈"与"秘籍"为异形词,表示难得见到的典籍。"籍"本指记录贡赋、人事、户口等内容的档案资料,多用于登记户口,后泛指书籍。《说文·竹部》:"籍,簿书也。"段注:"引伸凡著于竹帛皆谓之籍。"又《释名·释书契》:"籍,藉也,所以籍疏人名户口也。""笈",本指书箱,如唐·玄应《一切经音义》卷三引《风土记》:"笈,谓学士所以负书箱,如冠箱面卑者也。"《广韵·集韵》:"笈,负书箱。"后来引申为书籍、典籍。如清·王士禛《自光福里入太湖口往圣恩寺》:"山壇毛公蜕,古笈灵威守。""古笈"说的是古书。

【银元—银圆】

(a)一年之中,总有几家去做水陆,水陆一场少说些也要四百银元左右。[杭州白话报 1901(18)2]

(b)这个局子,本来是造银圆铜钱的,现在改了金币,金币的分量,跟英镑一样,银币只造五角以下的。[绣像小说 1904(39)78]

按:清末民初,"银元"与"银圆"为异形词,是银质圆形货币的通称。"圆"是外国货币流入中国后,中国民众给这种流通于市的新型货币的称呼,当时没有统一规范,因而称呼众多,从来源角度出发,名之为洋银、洋钱,从大小角度出发,名之为大洋,从性状角度出发,名之为银圆。这个名称突出了与旧银两制货币形态的把根本差异——圆形。"元"是"圆"的同音借字。由于"元"笔画简单,所以民间逐步用"元"取代了"圆"。

---

① 蒋荫楠.谈现代汉语词语书面形式的规范问题[J].南京大学学报(社会科学版),1978(3):103-128.

【衣襟—衣衿】

（a）只见一矮秃子，大摇大摆的走上前来说道："我乃是监守官，需要登记囚犯的号数。"说着便举手擘开囚犯的衣襟，来查看囚犯的号数。[安徽俗话报 1904（11）23]

（b）听我说，巴仁兄，丧了性命，不由我，挥热泪，湿了衣衿。[绣像小说 1903（3）3]

按：清末民初，"衣襟"与"衣衿"为异形词，表示"上衣的前幅"，古代指交领或衣下掩裳际处。"襟""衿"在衣领义上为异体字，"襟"本字当为"衿"，"衿"写作"襟"属于音近偏旁替换，在古代服饰多以交领为主，《说文·衣部》："衿，交衽也。"《玉篇·衣部》："交衿，衣领也。"在楷书阶段中，人们又改从"今"声，造出了异体"衿"，与之同用。① 上古音中，"金""禁""今"在上古音中同属见母侵部字，读音相同。"衿"和"襟"同表交领义，如《尔雅·释器》："衣眦谓之襟。"邢昺疏："谓交领也。"北齐·颜之推《颜氏家训·书证》："按：古者，斜领下连于衿，故谓领为衿。"

【灯芯—灯心】

（a）晚上上了火时，保险灯里里头火焰太旺，这少年急忙走上去，把灯芯旋下一些，他在富商家里住了三天，做了许多合适的事。[白话报 1908（2）21]

（b）里面是狠深的油池，当中用棉花线卷的个灯心，外面用千层纸做的个灯。洋灯精致，所以不免有黑烟上去，看过也就笑了。[绣像小说 1903（15）2]

按：清末民初，"灯芯"与"灯心"为异形词，表示灯盏中用以点火的灯草或纱、棉等捻成的细长物。"芯"原为灯芯的专用字，《集韵·侵韵》："芯，草名。"灯心草茎中的髓，色白，燃灯用，俗称灯芯。"心"本指心脏，《说文·心部》："心，人心，土藏，在身之中。"引申指中心，中央。"灯芯"与"灯心"各有理据。

【细崽—细仔】

（a）然而还少一双，细崽只得又把自己脚上穿的一双，脱了下来，给那个洋人穿着，自己却是赤着脚走。[绣像小说 1903（4）17]

（b）如若不然，本国文不甚了了，专学些外国皮毛，好的充当买办，不好的充当细仔。[京话日报 1905.01.01-1]

按：清末民初，"细崽""细仔"为异形词，指欧美人在我国开设的洋行、西式餐馆所雇的男仆，有贬义。"崽"为詈词，章炳麟《新方言·释亲属》："成

---

① 李学勤.字源[M].天津：天津古籍出版社，2013：731.

都、安庆骂人，则冠以崽字。""崽"与"子"同源，"崽"从"子"分化出来，是"子"的地域变体。① 又可写作"仔"。

【一斑——一班】

（a）文标起初因爱他，各事让着他，到了后来居然有点怕他，姨太太手段之高明于此也可见一斑了。[小说画报1918（13）48]

（b）谅此事必不会准，那王县官的昏庸无知，贪诈暴戾，这也可见一班的了。[竞业旬报1908（26）37]

按：清末民初，"一斑"与"一班"为异形词，常与"可见""窥见"连用，"一斑"语出南朝宋·刘义庆《世说新语·方正》，晋王羲之之子王献之尝观其父门生聚赌，见有胜负，曰："南风不竞。"门生曰："此郎亦管中窥豹，时见一斑。"意谓如从竹管孔里看豹，只能见到一点斑纹而已。后因以"一斑"比喻事物的一小部分，如宋·苏轼《再和黄鲁直烧香》诗之二："丹青已自前世，竹石时窥一斑。""斑"写作"班"属于同音借用。

【一班——一斑】

（a）那码头上的一班日本人，见了这位西洋绅士，跌得这般狼狈，一个个看着他，哈哈的笑。[申报1907.10.05-18]

（b）日俄正在打仗的时候，有一班波兰人，要结成义勇队，来帮助日本打俄国。[安徽俗话报1904（6）37]

按：清末民初，"一班"与"一斑"为异形词，表数量，用于人群，常含贬义，"班"的本义为分剖瑞玉，后来泛指分开，由分开义引申为分成不同的人群、组织。如宋·赵彦卫《云麓漫钞》卷十："金房官制，有文班武班；若医卜倡优，谓之杂班。"又进一步语法化，成为量词，如元·无名氏《气英布》第二折："况他周勃、樊哙一班大将，都是尚气的人。""班"写作"斑"属于同音借用。

【老闆—老板—老版】

（a）阜阳离芜湖，一千多里，路上又处处隔水，一路虽然辛苦，但是心中十分高兴，以为我要做我们安徽铁路的股份老闆了。[安徽白话报1909（1）10]

（b）各宝号老板先生们，若有什么新鲜的货色，或是什么新出的书，要来登登告白，好招览外头生意，我也很喜欢替你老板先生们登上去，好教你生意兴隆，财源广进。[中国白话报1903（1）13-14]

（c）茶房说："我们老版吩咐关照五小姐，昨晚军署里的人已来回报，托了人

---

① 李康澄."崽""子"同源论[J].语文研究，2019（1）：52-56.

疏通，不来搜查了，五小姐要动身尽管动身无妨。"[小说画报1918（15）62]

按：清末民初，"老闆""老板""老版"为异形词，表示"工商业的业主及其代理人"义。王艾录认为"老板"是蒙古语借词，"老板，本作'老闆'。在古代，汉语'百姓'一词被蒙古语借用，意为'土房子'，又引申为'店铺'。后来汉语又把此词从蒙古语中返借回来，音译为'闆生'，简称'闆'，仍为'店铺'义，店铺主人自然就是'老闆'了。20世纪50年代简化（同音替代）为'老板'。"①杨琳反驳了这种观点，认为："店铺义的'板'或'板升'只存在于蒙汉杂居地区，对内地的汉语没有什么影响，将'老板'的由来牵附于这样一个内地汉族从不使用的词，可信度也就无从说起了。"并认为"老板"历史上有两个来源：一个来自办事者尊称的"老办"，一个来自团队领导尊称的"老班"，"老办"与"老班"是口语词，在不明理据的情况下，书写时人们据音联想，采用自以为是的本字。"板"有表情严肃的意思，所以写作"板"。有些人想到老板常暗中监视员工干活，所以写作"闆"，"版"与"板"常常通用，所以偶尔也写作"老版"。②

【舢板—舢舨】

（a）拿破仑遂脱去锁子黄金甲，跳上舢板，摇动双桨，有如激箭离弦。[绣像小说1903（2）1]

（b）勒纳尔教士于星期一上午，由潍县坐舢舨，前往施放食物……星期日路透访员在舢舨上漂流一夜。[京话日报1914.09.12-3]

按：清末民初，"舢板"与"舢舨"为异形词，表示"沿海或江河上用桨划的小木船"，"舨"是"板"的分化字，《集韵·潸韵》："舨，艟舨，舟也。"现仅用于"舢舨"一词。

【神州—神洲】

（a）久思词笔换兜鍪，浩荡雄姿不可收。地覆天翻文字海，可能歌哭挽神州。[中国白话报1903（2）52]

（b）此语足以警醒国人，但满清既倒，赤县神洲，完全归于黄帝子孙所有，谁敢来闹家天下？[京话日报1917.11.27-1]

按：清末民初，"神州"与"神洲"为异形词，"州"的金文字形为"㊉"，表示水中的小块陆地，《说文·川部》："州，水中可居者曰州，水周绕其旁。"《汉书·司马相如传》："出乎椒丘之阙，行乎州淤之浦。"颜师古注："水中可

---

① 王艾录. 汉语理据词典[Z]. 北京：华龄出版社，2006：146-147.
② 杨琳. "棒"与"老板"考源[J]. 南开语言学刊，2012（2）：31-39

居者曰州。淤，漫也。浦，水涯也。""洲"为"州"的后起分化字。

【女红—女工】

（a）人生在世，无论男女，倘然无益于人，已经惭愧，何况害人吗？说了又教他女红，有时把做的诗讲给他听。[申报 1915.03.02-14]

（b）只因我们这条街上，有一女伴，名叫鲁忧葵，他是漆室县最有名的人，聪明后俏，手里女工针黹最好，我与此人情性相投。[京话日报 1906.06.03-6]

按：清末民初，"女红"与"女工"并用，表示妇女从事的纺织、刺绣、缝纫等。"工"与"红"古音十分相近，"工"，《广韵》为古红切，《集韵》为沽红切。从事女工工作的为"工女"，历史文献中又作"女红"，如《汉书·郦食其传》："百姓骚动，海内摇荡，农夫释耒，红女下机，天下之心未有所定也。"颜师古注："红读曰工。"

【眼眶—眼匡】

（a）到后来，林黛玉的泪也干了死了，贾宝玉也厌世了去了，花袭人也转嫁了，你的眼眶边就淌出泪来，忘着自己了。[竞业旬报 1909（40）6]

（b）（一）该镜片能贴近眼匡而与眼毛并不触碍；（一）能遮蔽眼目使尘氛不易侵入。[申报 1913.09.16-14]

按：清末民初，"眼眶"与"眼匡"为异形词，表示"眼睛周围的部位"，"匡"的金文为"𠤎"，本义为古代盛饭的方形竹筐。《说文·匚部》："匡，饮器，筥也。"引申指一切方形的东西，可以表示眼眶，如《史记·淮南衡山列传》："于是王气怨结而不扬，涕满匡而横流，即起，历阶而去。"后来这个意义写作"眶"。

【本源—本原】

（a）这五千人里，能可以知道政学的本源，能可以考查人群的条理，寻求怎能可以富强我们的国，怎能可以进化我们的种的，约略着不过百数十人。[大公报 1903.09.15-2]

（b）如果地方各官知此事为今日立国之本原，视此事为一己切肤之关系……何至以一府一县之力，欲办一完全学校而不能？[安徽俗话报 1904（15）41-42]

按：清末民初，"本源"与"本原"为异形词，表示"根本，指事物的最重要方面"，"原"的本义为水流源头，《说文·驫部》："驫，水泉本也。从驫出厂下。"引申指根源、因由，又引申指来源，"原"为引申义所专用，水流源头之义便另加义符"氵"写作"源"来表示。"原""源"同源，"源"也可以表示根源、因由义，如《荀子·富国》："百姓时和、事业得叙者货之源也，等赋府库者货之流也。"

【人才—人材】

（a）现在的学堂，虽说是养育人才的，但学堂里的学生，决不许议论国家的大事。[中国白话报 1904（6）37]

（b）不晓得要排揎我到那步田地，知道的说我是弃瑕录用，鼓舞人材，不知道的还说我是逼逃薮呢。[绣像小说 1903（13）69]

按：清末民初，"人才"与"人材"为异形词，表示"人的才能"义，"才"的甲骨文作"✦"，其中，"一"象征地面，"丨"则表示草木钻出地面之形，本义为草木初生，由义素草木引申为木材，这个意义后来写作"材"，由义素草木初生又喻指才能。古人造字，声旁相同，意义往往相通。

【专门—专们】

（a）什么叫做学，就是道德及那专门的艺术，什么叫做识，就是智能及那特别的经验。[大公报 1917.03.07-9]

（b）德华是银行，与华俄银行一样，是专们揽办中国路矿的。[京话日报 1904.09.23-2]

按：清末民初，"专门"与"专们"为异形词，表示专从事某事或研究某门学问。"门"表示类别，如《后汉书·儒林传赞》："斯文未陵，亦各有承。涂分流别，专门并兴。""们"是"门"的同音假借字。

状中结构的中心成分是动词性词素，限制性成分多为形容词性和动词性词素，主要是对中心成分的状态、方式等的描写说明，清末民初状中结构的异形词共13组，异形成分可以是修饰成分，有8组[①]，如：

【畅谈——鬯谈】

（a）小弟正该前往迎接，何用说拜候二字，仁兄权在此畅谈一时，明日同往迎接就是，书房摆酒，与仁兄一醉。[中国白话报 1904（7）57]

（b）我对你说，在省城里，你忙，我也忙，总想鬯谈，总没有个空儿。难得今天相遇，正好畅谈一回。[绣像小说 1904（17）2]

按：清末民初，"畅谈"与"鬯谈"为异形词，表示"愉快地谈。尽情地谈"，"畅"有舒畅、欢快义，如唐·薛戎《游烂柯山》诗之一："悠然畅心目，万虑一时消。""鬯"通"畅"，是"畅"的通假字。

---

① 以下列举7组，另有"沉思—沈思"见于第四章《单向异形词》一节。

第二章　清末民初双音节异形词汇考

【轰动—哄动】

（a）艾丽斯生性聪明，又天赐他一副倾国倾城的美貌，一进了戏园，居然轰动一时，他那歌喉舞态一时无两。[大公报 1918.10.05-11]

（b）因走到镜台旁边，拿起剪刀，望喉咙便刺，刚刚举手，可巧一个丫头进来，急将玫瑰花抱住，把剪刀夺起，一时哄动全家人众。[中国白话报 1903（2）45]

按：清末民初，"轰动"与"哄动"为异形词，表示同时惊动很多人。《说文·车部》："轰，轰轰，群车声也。""哄"是隋唐时期出现的字，异体作"吽"，《集韵·东韵》："吽，一曰吽吽，人声，或作哄。"本义指很多人同时发出声音。可见"轰动"与"哄动"均有理据。

【鼎盛—顶盛】

（a）想当初，在朝中，声名鼎盛，替国家，建立下，许多功勋，为奸党，我亦曾，风霜蹭蹬，为国是，我亦曾，汗马奔腾。[绣像小说 1903（8）3]

（b）到了唐朝的时候，虽说经的人，也很不少，但道教佛教，在这时也算顶盛的。[中国白话报 1904（9）15]

按：清末民初，"鼎盛"与"顶盛"为异形词，表示"兴盛、昌盛"义，"鼎"有"最，顶"义，如南朝梁·袁昂《古今书评》："张芝经奇，钟繇特绝，逸少鼎能，献之冠世。""鼎能"即"顶能"，最有才能。"顶"的本义为头顶，《说文·页部》："顶，颠也。"引申指物体的最上端或高处，后语义虚化，成为副词，表示程度，犹极、最。

【绯红—飞红】

（a）那知冯主事倒不在意，已是灌饱了黄汤，满面绯红，少不得应酬一番。[绣像小说 1904（27）156]

（b）一句话提醒了弗伦，不觉阿呀了一声，羞得满脸飞红，连忙回过身去，穿好了上下的衣服。[申报 1907.10.25-18]

按：清末民初，"绯红"与"飞红"为异形词，表示鲜红，通红义。"绯"有红色义，如唐·韩愈《送区弘南归》诗："腾踔众骏事鞍鞯，佩服上色紫与绯。""绯红"为同义连用，"绯"写作"飞"属于同音借用。

【崭新—斩新】

（a）只见一个丫头走进来，拿着三领光滑吸细软崭新的衣裳交给三人更换，又摆好大餐，请他们吃。[新小说 1902（2）186]

（b）车上的车垫靠背，一色都是白的，两个马夫并肩坐着，也穿着一身斩新的号衣，薄底快靴，红缨大帽。[申报 1907.11.12-18]

按：清末民初，"崭新"与"斩新"为异形词，表示全新，极新。"斩"的本义为截断，《说文·斤部》："斩，截也。"段注："截者，断也。……引申为凡绝之称。"《诗·小雅·节南山》："国既卒斩，何用不监？"朱熹集注："斩，绝。"引申为程度副词绝、极。"崭"的本义为险峻陡峭，异体作"嶃"，《玉篇·石部》："嶃，山石高峻貌，或作磛。"引申为绝，极。"斩"与"崭"在"绝、极"义上是词义相通的。

【洪亮—宏亮】

（a）小筼见了钮逢之，生的一表非俗，而且声音洪亮，谈吐大方，心中甚喜。[绣像小说1904（34）193]

（b）这时候阴云初破，红日西沈，硝烟迷离，凯歌宏亮。[杭州白话报1902第二卷（24）3]

按：清末民初，"洪亮"与"宏亮"为异形词，表示（声音）洪大、响亮义。"洪"，本指大水，洪水，后引申为大。《说文·水部》："洪，洚水也。"《尔雅·释诂》："洪，大也。""宏"的本义为屋大而有回声，《说文·宀部》："宏，屋深响也。"朱骏声通训定声："深大之屋，凡声如有应响。"段注："屋深者，其内深广也……《考工记》：'其声大而宏。'大而宏者，其声外大而中宏也。"引申为广大，《尔雅·释诂》："宏，大也。"

【毋庸—无庸】

（a）抚台亦早有风闻，便叫藩台挂牌，把他撤任，另换一个姓鲁的接他的手，接印交印，自由一番忙碌，照例公事，毋庸琐述。[绣像小说1903（11）56]

（b）沪军都督以本埠近有谣言，居民惶惑，殊不知此等无根之言皆由匪徒捏造，无庸过虑。[申报1912.04.01-7]

按：清末民初，"毋庸"与"无庸"为异形词，表示无须，不要。"毋"与"无"均可用作副词，表示否定，相当于"不"，如《书·洪范》："无偏无党，王道荡荡；无党无偏，王道平平。"《韩非子·说林下》："以我为君子也，君子安可毋敬也。"《说文·毋部》："毋，止之词也。"段注："古通用无。"

状中结构中，异形成分也可能是中心成分。有5组，如：

【难道—难到】

（a）一转眼长夏已过，又等到了桂花香时，还依旧没有死，到此胡家光便咄咄称怪起来，暗想：我难道已逃过了死关么？[申报1916.11.18-17]

（b）中国的官吏不下千万，其中良莠不齐，然而大概论之，被人责骂者总居多数，难到说他们就全是奸盗之心么？[大公报1911.08.16-6]

按：清末民初，"难道"与"难到"是异形词，是表示反诘语气的副词。

"难道"本为偏正式短语，表示难以言说，在心理"组块"因素影响及汉语韵律节奏制约下，人们常常将其当作一个整体单位而加以对待。随着"难道"使用频率的增加，二者之间的语法分界到后来就变得更加模糊，以至于逐渐被淡化和取消。① 在语法化作用下，"难道"虚化为副词，"道"写作"到"属于同音替换。

【不止—不只】

（a）再说这借钱的事情中国人吃过的亏，已经不止一次，但是那经手的人，却着实有些好处。[申报1907.12.26-18]

（b）独有俄国是君主专制政体，不许百姓干预国政，百姓久已不平，到处结成革命党，要和俄皇过不去，这事也不只一次了。[安徽俗话报1904（2）9]

按：清末民初，"不止"与"不只"可以是限制性范围副词，表示超出某个数目或范围，"不止"的副词用法来源于其动词用法"继续不停"，先秦时期便有该用法，如《墨子·公孟》："然号而不止，此其故何也。""不止"在句中作谓语，不能省略，后来由于"不止"后面可以加其他谓词性成分，导致语义重点发生了偏离，"不止"虚化为副词，由于"止"词义负担较重，表示多个意义，人们经常用同音形式"只"分担其副词义。在"只"用的同时，"止"尚未退出历史舞台，导致"只"与"止"的混用。

【不只—不止】

（a）不想许多王孙公子，不学无术的阔少爷，不只目不识丁字，更连个开弓力量，也都不可多得。[京话日报1906.02.02-6]

（b）众人只顾目前没止没休，一阵乱捞，恨不得一时把鱼取尽，转过年来不止别人打捞不成，连他自己也无鱼可取了。[京话日报1905.12.14-6]

按：清末民初，"不只"与"不止"还有连词用法，可以与其他连词"也、还、连、且"等搭配使用，形成呼应。这是进一步虚化的结果，"不止"的连词用法产生于唐代，如唐·刘蜕《贺友人拜右拾遗书》："仆不止为执事，且为天下不寐也。""不只"的连词用法产生于宋代，如《朱子语类·朱子十一》："道理不只在一边，须是四面八方看，始尽。""不止/不只"长时间共存共享，这不符合语言经济性原则，所以用"不只"替换了"不止"连词的语法功能。动词及副词义仍由"不止"承担。

---

① 王兴才．"难道"的成词及其语法化 [J]．长江师范学院学报，2011（2）：41-48.

【何妨—何防】

（a）凡住在此地有名望的人，他没一个不认识的，你何妨到他那里去探听探听。[安徽俗话报 1904（15）33]

（b）再说戒烟早亦是戒，晚亦是戒，何防早早的咬咬牙剁剁脚，一狠心把烟戒了。[大公报 1911.03.16-6]

按：清末民初，"何妨"与"何防"为异形词，表示"不妨，无碍"义。"妨"的本义为伤害、损害。《说文·女部》："妨，害也。"后引申为阻碍、妨碍义，如唐·韩愈《岳阳楼别窦司直》诗："轩然大波起，宇宙隘而妨。"《二刻拍案惊奇》卷十三："我身子已倦，不要妨了我睡觉。""妨"写作"防"属于同音借用。

【能够—能彀】

（a）我们中华民国新近才成立的，正要大家齐心齐力、互相维持，才能够根基稳固、日进富强。[大公报 1912.05.18-5]

（b）安徽这两个字，将在中国文明史上能彀有一点异彩，便是在下这番的心愿了。[安徽白话报 1908（1）1]

按：在"能够—能彀"中，"够/彀"的语素义为及、达到，其本字当为"彀"，"彀"的本义为张满弓弩，《说文·弓部》："彀，张弩也。"拉弓要张满弓弩，因此"彀"引申为程度上达到极限、达到极点。进而引申指数量上达到需求，相当于"足够"。"够"是"彀"的俗写形声字，江蓝生通过文献材料，指出："'够'字应在清乾嘉之交即 18 世纪末 19 世纪初开始使用。不过，即使是清代晚期，使用也还不够普遍。……到了 20 世纪后半期，'够'已经完全取代了其本字'彀（勾）'。"①

（三）动宾式异形词

动宾关系的复合词由动词性词素和名词性词素组合而成，其中名词性成分是动词性成分支配、关涉的对象，清末民初白话报刊中，动宾式异形词共计 27 组，其中异形成分可能是动词性词素，有 17 组，如：

【班师—颁师】

（a）（小生白）来此已是北冰洋，想是胡儿已被汉人斩尽杀绝，就请将军一同班师回朝去罢。[中国白话报 1903（3）66]

（b）到了一日，唐天子太宗皇帝下诏，颁师回朝，将军出今起营，浩浩

---

① 江蓝生.说"勾、够、彀"——《华音撮要》连—介词"勾"考源[J].汉语史学报（第17辑），2017（1）：1-13.

荡荡，一路凯歌，向长安来。[安徽俗话报1904（8）27]

按：清末民初，"班师"与"颁师"均有"军队出征回来"或"军队作战得胜归来"义，"班"的本义为分剖瑞玉，《说文·珏部》："班，分瑞玉。"由于"分剖瑞玉"有分开的意思，而"回""还"也与分开的意思，因此，"班"引申为"回军""还师"的意思，如《逸周书·克殷》："乃命宗祝崇宾飨祷之于军，乃班。"孔晁注："还镐京也。"《书·大禹谟》："禹拜昌言曰：'俞！班师振旅。'"蔡沈集传："班，还。""班"写作"颁"属于同音通用。

【悖理—背理】

（a）明知道自己的子孙遇着不幸之事便没有容身的地方，怎么还有心思作工呢？那些有子孙的人，怎么不替子孙想想，纵容这等悖理的制度呢？[绣像小说1904（29）31]

（b）你说变法维新要想买足村民心意，好叫大家忠顺你们，你可晓得你这背理逆天占夺土地的强盗，无论你不变法维新当除，就是变法维新也当除，总归罪在不赦罢了！[中国白话报1904（10）63]

按：清末民初，"悖理"与"背理"为异形词，表示"违背天理或伦理"。"背"的初文为"北"，《说文·北部》："北，乖也。从二人相背。""北"为会意字，以背对背之状表示相违、相逆。后加"月（肉）"为"背"，"北"假借为方位词后，其乖戾违背义由"背"字来表示，如《书·太甲中》："既往背师保之训。"《说文·言部》："誖，乱也。……誖或从心。"现以"悖"为正体，"誖"为异体。"悖"本义为惑乱，引申指违逆。如《礼记·中庸》："万物并育而不相害，道并行而不相悖。"

【担忧—耽忧—躭忧】

（a）黄连圣母在轿中，不肯下轿，高声喝道："某人，你不必担忧，吾神已请张大师兄，派了十万天兵天将，在紫竹林满安地雷炸药，只待洋兵到来，便一齐轰得他干干净净。"[绣像小说1904（18）5]

（b）祗是听得广西乱事，至今未了，倒是颇觉耽忧。[杭州白话报1903（8）22]

（c）但此时夜已过半，尚自辛勤当织，却未免过于劳苦了，倘有一二不适意处，教老汉怎生躭忧得起？为此出来探望一遭。[申报1914.09.01-13]

按：清末民初，"担忧—耽忧—躭忧"为异形词，本字当作"担"，"担"有承担、承受义，用"耽"为假借，"躭"为"担"的换旁俗字。

【纪事—记事】

（a）那两个人已渐渐的走近，趁着月望去，方知不是俄侦探，是俄政府的

两个纪事官,一个叫士记特,一个叫马世勒。[京话日报 1904.08.23-3]

(b) 人生最可怕的一件事儿便是聋哑,但是有了聋哑的亲友却便宜为什么呢?看官莫急,见了我的这篇记事就可明白了。[申报 1914.09.19-13]

按:清末民初,"纪事"与"记事"为异形词,表示记载某些事迹、史实的文字。"记"的本义为记录、记下来。"纪"的本义为编结、系联、约束丝缕的绳。《说文·糸部》:"纪,别丝也。"段注:"别丝者,一丝必有其首,别之为纪。众丝必得其首,是为统。统与纪义互相足也,故许不析言之……引申之凡经理之称。……《史记》每帝为本纪,谓本其事而分别纪之也。""记"写作"纪"属于同音借用。

【彻底—澈底】

(a) 凡呈集股开办事的,务要彻底清查,若是真买的,需竭力提倡保护,必须叫他办成。[京话日报 1904.11.19-1]

(b) 嘉定县杀子杀妻一案,密饬所属之太仓州,澈底根查。[竞业旬报 1908(17)25]

按:清末民初,"彻底"与"澈底"为异形词,表示"通透到底","彻"有"通、贯通"之义,如《墨子·备穴》:"为铁钩巨长四尺者,财自足,穴彻,以钩客穴者。"孙诒让间诂:"苏云:'彻,通也。'""澈"的本义为水澄清,引申指"穿透,透彻",如《新唐书·儒学传中·尹知章》:"惊悟,志思开澈,遂徧明'六经'。""澈"与"彻"词义相通,常相互换用。

【称心—趁心】

(a) 他们两个人,本来至好,今在一起做事,就格外见得称心。[申报 1907.12.28-18]

(b) 后来玄宗所过的日子,十分趁心遂意,不免行出许多骄奢淫乐的事来。[杭州白话报 1903(12)35]

按:清末民初,"称心"与"趁心"为异形词,表示"遂心适意",《说文·禾部》:"称,铨也。"段注:"《广韵》又昌孕切,是也,等也。铨义之引申。""称心"中,"称"为"等"义,即相当、符合,此义早在先秦时期便有,如《孟子·公孙丑下》:"古者棺椁无度,中古棺七寸,椁称之。""趁心"的"趁"是"称"的借字。

【到底—倒底】

(a) 那坚固的砖墙瓦屋,到底少些,难道这厮住茅棚草舍的人,都应该遭天火烧的吗?[杭州白话报 1902(31)61-62]

(b) 仰西大笑道:"表弟你虽说出洋回来,倒底还是读书人,不知道世事,

打仗关教学什么事，难道叫书房里的学生去当兵不成？"[绣像小说1905(49)1]

按：清末民初，"到底"与"倒底"是异形词，表示"毕竟"的评注副词，"到底"最初为动宾短语，表示"到达尽头"，在唐代时，"到底"经常出现在状语的句法位置上，句法位置的改变为"到底"虚化为副词创造了条件，随之发展出表"毕竟"义和表"究竟"义的副词用法。"到"写作"倒"属于同音替换。从明清白话小说到20世纪40年代前，"倒底"比较通行。

【做事—作事】

（a）因此火车往来，狠不方便，寻常用轮船摆渡，封冻后便在冰上行走，常常失事，所以想法造这冰车，可见洋人做事，绝不因艰难歇手。[京话日报1904.09.13-3]

（b）（他）便又柔声怡气恳恳切切的说："茉莉儿，凡人作事不可凭着一时血气之勇，不顾后来，你先设身处地替我想想……"[申报1915.11.21-14]

按：清末民初，"做事"与"作事"为异形词，表示从事某种工作或处理某项事情。"作"的本义为兴起，发生。《说文·人部》："作，起也。""作"也有进行某种活动的意思，这个意义后来写作"做"，由于职能分工不彻底，"做"也常写作"作"。

【抚掌—拊掌】

（a）木庵便将路上所遇的事体说了，伊朱二人抚掌不迭，笑道："他从前的意气可尚在吗？居亭今日也可谓大人不记小人过了。"[小说画报1917(5)133]

（b）华盛顿点起人马，去追英军，二十四日，一鼓破之，士气为之一振，议会国民，无不拊掌称快。[绣像小说1904(24)1]

按：清末民初，"抚掌"与"拊掌"为异形词。表示拍手，鼓掌。《说文·手部》："拊，揗也。"段注："揗者，摩也。古作拊揗，今作抚揗，古今字也。"《说文·手部》："抚，一曰揗也。"段注："拊亦训揗，故抚、拊或通用。""抚""拊"由抚摩引申为用手拍。《仪礼·乡射礼》："左右抚矢而乘之。"郑玄注："抚，拊之也。"贾公彦疏："言抚者，抚拍之意。"《左传·襄公二十五年》："公拊楹而歌。"杜预注："拊，拍也。"

【附耳—拊耳】

（a）是日，某劣生在投票所前逡巡累日，见有将入所投票者，或向笑语，或向鞠躬，或正色立谈，或附耳絮语，因人而施，非常灵警。[申报1909.03.31-18]

（b）许多宾客，在一堆儿叙谈，忽然和一个客拊耳低语，形状做得鬼鬼祟祟一般，那是最失体统，务须切戒。[杭州白话报1902(33)33]

按：清末民初，"附耳"与"坿耳"为异形词，表示"贴近耳朵"义。"附"有靠近、贴近之义，如《孙子·行军》："欲战者，无附于水而迎客。"曹操注："附，近也。"杜佑注："附，近也。近水待敌，不得渡也。""坿"为"附"的异体字，"土"旁与"阝（阜）"旁的字常可相互换用。《说文·土部》："坿，益也。"段玉裁注："今多用'附'训益。附乃附娄，读步口切，非益义也。今'附'行而'坿'废矣。"

【瞌睡—磕睡—渴睡】

（a）放全部空谷兰之好坏，全在饰柔云者一人身上，若全，人物大致不差，而少一优游之柔云，则全剧便一无可观，必致人人打瞌睡。[申报1916.10.30-13]

（b）若是精神好，也可将就几分，偏是一点儿精神没有，终日神气不清，如同磕睡一般，神气不清，是一个人顶犯忌的毛病。[杭州白话报1903（13）28]

（c）学生们念书不念背书错不错，他都一概不管，天气阴了，整天的打打渴睡，就是睡扁了头，也不知道。[安徽俗话报1904（1）23]

按：清末民初，"瞌睡、磕睡"和"渴睡"是异形词，都可表示"倦极思睡，打盹"。《通俗编》卷十五"渴睡"条："《六一诗话》：'……明年吕中甲科，使人寄语胡曰："渴睡汉状元及第矣。"'……按：'渴'本作'瞌'，'渴'乃借字用之。"黄侃于词目"渴睡"下评曰："'渴'正作'㰸'，'瞌'亦俗字。"①"渴"用为困倦欲睡义，当为借字，本字为"㰸"，《说文·欠部》："㰸，欲㰸㰸。"段注："渴者，水尽也，音同竭。水渴则欲水，人㰸则欲饮，其意一也。今则用'竭'为水渴字，用'渴'为饥㰸字，而'㰸'字废矣，'渴'之本义废矣。""渴"指人体对水的需要，引申指人体对睡眠的需要。"瞌"是后起的表示困倦欲睡义的字，是唐宋时期的新造俗字，故"㰸"与"渴"是正字与借字的关系，另外，"㰸"与"瞌（瞌）"是正字与俗字的关系。"②"瞌"还可假借作"磕"。

【起程—启程】

（1a）我就此起程，那时候不知有多少人赶着来送行，我在船上瞧见他们，也觉得依依不舍。[绣像小说1903（13）26]

（2a）惟该代表诸人因公赴会其途中旅费多寡应由公欬内酌量筹备，以资

---

① 颜春峰点校.通俗编（附直语补证）[M]北京：中华书局，2013：202.

② 曾昭聪.黄侃评语"正字"辨[J].华东师范大学中国文字研究与应用中心.中国文字研究（第21辑），上海：上海书店出版社，2015：140-146.

起程。[安徽白话报 1908（1）1]

（1b）洛萍生携其妻孥浮海之舟也，启程曾未久，而陡险已六日。[绣像小说 1903（3）1]

（2b）兹定本月二十七日，由东京启程，乘坐本国战舰直往高丽。[中国白话报 1904（7）54]

按：清末民初，"起程"与"启程"为异形词，表示出发、上路，既可用于较为正式的场合，如例（2a）与例（2b），又可用于一般场合，如例（1a）与例（1b），"起"有出发、动身义，如《庄子·秋水》："予蓬蓬然起于北海而入于南海也。""启"有开始义，如汉·潘勖《册魏公九锡文》："君则摄进，首启戎行。二者是出发义上是通用的。

【漫说—慢说】

（a）漫说是夫妇相处十年的大事，就好不问青红皂白，硬将两不相识、毫无爱情的人，配为夫妇吗？[安徽俗话报 1904（3）2]

（b）幼安道："让我明天发传单再议，慢说我怕了你们，才合你们设法，这是椿本该提议的事。……"[绣像小说 1905（58）2]

按：清末民初，"漫说"与"慢说"为异形词，表示别说，不要说。"漫"最初表示水盛大无际之义，《玉篇·水部》："漫，水慢慢平远貌。"据陈明富、张鹏丽介绍，"漫"的语义引申和语法化演变轨迹为：水盛大无际→水满外溢→抽象的"多"→不受约束，散漫→随便、胡乱→徒然，白白地→禁戒否定副词，[1] 至少在唐代，"漫"已经可以用作禁戒否定副词了，如唐·杜甫《一百五日夜对月》诗："牛女漫愁思，秋期犹渡河。""慢"是"漫"的同音假借字。

【赔罪—陪罪】

（a）那俄国绅士却赔着笑脸，弯腰曲背的，好似在那里和他赔罪。[申报 1907.11.05-18]

（b）有一回不知怎样，触犯了他，他就赌气走了，不与他见面，过了四五天。约西有些悔悟，向他陪罪，这才欢爱如初。[绣像小说 1904（32）8]

按：清末民初，"赔罪"与"陪罪"为异形词，表示得罪了人，向人道歉。"赔"有补偿、赔偿义，《正字通·贝部》："赔，补偿人财物曰赔。""陪"是"赔"的同音假借字，如"赔小心""赔不是"也常写作"陪小心""陪不是"。

---

[1] 陈明富，张鹏丽."漫"作禁戒否定副词考——兼论"曼""谩""慢"等[J].西南交通大学学报（社会科学版），2012（1）：16-19.

【渔利—鱼利】

（a）品格不齐，其中法理精深的，固然不少，可是旧日讼棍土豪，贿买文凭藉以渔利的，亦在所不免。[京话日报 1914.03.01-4]

（b）每年分段砍木，由管租给出价最多的商人，承办这事，租价随时涨落，公家鱼利，也是这们办法。[绣像小说 1904（16）38]

按：清末民初，"渔利"与"鱼利"为异形词，表示用不正当的手段谋取利益。"鱼"是象形字，甲骨文作"鱼"，像一条嘴、鳍、鳞皆有的鱼形。《说文·鱼部》："鱼，水虫也。象形，鱼尾与燕尾相似。"在古代"鱼"不仅可用作名词，还可用作动词，当捕鱼讲。"渔"是"鱼"的分化字，专用来表示捕鱼，引申为谋取不应得的东西。如《隋书·炀帝纪下》："奸吏侵渔，内外虚竭，头会箕敛，人不聊生。"清末民初，由此构成的异形词另有"渔业—鱼业、渔网—鱼网、渔船—鱼船"等。

【争气—挣气】

（a）汪御史看这人语言无味，面目可憎，本来想辞他的，只是肚子不争气，咕噜咕噜的叫起来了，当下只得连说客气客气，奉扰就是了。[绣像小说 1904（35）1]

（b）先请诸位看看，再开个女学堂，教他们一个保养身体、长进学问得法子，替徽州人挣一挣气。[安徽俗话报 1904（4）39]

按：清末民初，"争气"与"挣气"为异形词，表示努力向上，不甘示弱，"争气"有很多离合形式，如"争一口气""争口气""争一争气"，"挣气"用法与之相同，"争"有争夺、夺取之义，"挣"用同"争"。

【梳妆—梳装】

（a）右面安一张梳妆台，上面排列着自鸣钟花瓶之类，左面安着一张沙发椅，墙壁上挂着几扇铁花的屏幅。[小说画报 1917（8）55]

（b）那梳装室尤极奢华，余到室中一进去便有一件着眼的事，肖照堆里我前次见过的那个爱末姑娘的肖照早已不见了。[申报 1912.06.11-3]

按：清末民初，"梳妆"与"梳装"为异形词，表示打扮、装扮义，"妆"的本义为装饰、打扮，《说文·女部》："妆，饰也。"南朝宋·鲍照《拟行路难》诗之十三："形容憔悴非昔悦，蓬鬓衰颜不复妆。""装"的本义为包裹，《说文·衣部》："装，裹也。"段注："束其外曰装。"引申为装束穿戴，又引申指化妆时用的穿戴涂抹的东西。此义后来写作"妆"。"妆""装"二字都有打扮、修饰的意义，故常通用。

在动宾式异形词中，异形成分可能是名词性词素，有10组[①]，如：

【负隅—负嵎】

（a）余与安乃萃于一隅，负隅而立，不怖不惊，俟命于幽黑之穴。[绣像小说1903（11）6]

（b）学生葛天常，意合情投，便做了忘年至好，不免负嵎见虎，重回冯妇之车。[绣像小说1904（35）7]

按：清末民初，"负隅"与"负嵎"为异形词，表示凭依山曲，依恃险要的地势。"隅"与"嵎"为异体字，《说文·部》："隅，陬也。"段注："《小雅》笺曰：'立隅，立角也。'……《大雅》：'惟德之隅。'传曰：'隅，廉也。'今人谓边为廉，角为隅，古不别其字。亦作嵎、作堣。"

【发愣—发楞】

（a）巴里金气得发昏，等他们走了半天，还在那里发愣，一步也动不得。[京话日报1904.09.15-3]

（b）无奈这位弗伦君，听了这两句意语，眼睁睁的看着这位公使夫人，在那里发楞，连一个字都听不出来。[申报1907.10.11-18]

按：清末民初，"发愣—发楞"均可表示发呆义，本为"楞"，《说文·木部》："棱，柧也。"段注："俗作楞。""柧"指有棱之木，《说文·木部》："柧，棱也。"唐·玄应《一切经音义》卷十八引《通俗文》："木四方为棱，八棱为柧。"《广韵·登韵》："楞，四方木也。"《集韵·登韵》："棱，或作楞。""楞"的呆义是由"四方木"义引申而来，由于木本植物的通称之木是无知无觉的，与人发呆时的状态具有相似性[②]，因此，"楞"引申出呆义是符合词义发展规律的。"愣"字最早见于清末公案小说《三侠五义》，由于发愣是一种与心理相关的状态，因此，在人们的用字心理下，"楞"的偏旁类属发生了变化，由"木"旁改作"忄"旁。

【捕鱼—捕渔】

（a）略有孔子治鲁，路不拾遗的流风。川溪上的鱼都是公共的，捕鱼也有一定的时侯，到时家家都派人去捉。[大公报1905.07.16-3]

（b）美洲西北沿海地方，常有别国渔人到那里打渔，现经议院议定，打算发下号令，禁止外人捕渔。[京话日报1906.03.15-5]

[①] 以下仅列举7组，另有"喝彩—喝采、出版—出板、刻版—刻板"见于第四章《双向异形词》一节。

[②] 刘敬林．"楞""愣"关系及"愣"在现代汉语中的地位[J]．汉字汉语研究，2020（3）：67-72．

按：清末民初，"捕鱼"与"捕渔"为异形词，"渔"与"鱼"同源，上古汉语中，"鱼"包括"鱼"和"捕鱼"两个意义，是混沌未分的，是一个过程的两个方面，"打鱼"是动作，"鱼"是客体，后来发生语义分裂，"打鱼"义从"鱼"中分离出来，另加"氵"旁，写作"渔"。而在现代汉语中，"鱼"与"渔"区别明显，"鱼"表示鱼（名词），"渔"则表示捕鱼（动词）。

【装潢—装璜】

（a）看官须知衷丽华房中摆设装潢十分讲究，岂止这一些些，但那时伯爵匆匆来到，那里能殼逐样都看明白，逐样都记得？[绣像小说1904（21）6]

（b）常言道三十六着走为上，只是一家老小太郎当，祇有细软堪携带，摆设装璜不便扛。[小说画报1917（1）157]

按：清末民初，"装潢"与"装璜"为异形词，"装潢"本指装裱字画，古时装裱书画用黄蘗汁染的纸，即潢纸，故称。南朝梁·沈约《齐禅林寺尼净秀行状》："又写集众经，皆令具足，装潢染成，悉自然有。"后引申指凡商品、器物以及房屋的装饰都称装潢。"璜"是"潢"的同音假借字。

【保镖—保镳】

（a）昨天有一个人，身上的打扮，像是个保镖的，手拿花枪，愣头愣脑站在街心里头，就练起武来了。[京话日报1906.06.29-4]

（b）不磨想道：怨不得中国要打败仗了，这一队一队的兵丁，不去救太后皇上的驾，到来这里替这些尚书侍郎太太姨太太来保镳。[绣像小说1903（8）2-3]

按：清末民初，"保镖—保镳"为异形词，表示"有武艺的人受雇护送财物或保护雇主人身安全"，目前很多学者认为本字当为"镖"，李行健指出："'镖'俗称'飞镖'，是一种金属制的投掷暗器，旧时有精于镖术的武士，常以保卫旅客为业，称为'保镖'或'保镳'。"[1]如果"镖"为飞镖的话，那么"镖保"岂不更为合适？且装着财货、银两的车辆叫镖车，贩运货物的船叫镖船，运送货物的机构叫镖局，运送货物的人叫镖客，财货银两被贼劫走，叫丢了镖，镖只是一种武器，何至于全都以此命名？我们认为"保镖"的"镖"本为"标"字，在竞舟活动中，有"夺标"一词，"标"指"给竞赛优胜者的奖品"，奖品为锦旗、银碗之类，如宋·孟元老《东京梦华录·驾幸临水殿观争标锡宴》："诸船皆列五殿之东面，对水殿排成行列……又见旗招之，则两行舟鸣鼓并进，捷者得标，则山呼拜舞。"在现代汉语中，经济领域的"招标""投

---

① 李行健. 现代汉语异形词规范词典（第2版）[M]. 上海：上海辞书出版社，2011：14.

标""中标",体育领域"夺标""锦标赛"等,均与"保标"同源。因此,曲彦斌指出:"尽管有关文字史料未见'保标'字样,确实客观存在于竞舟夺标活动中的必然事实。这一点,是'保标'一词生成直接语源所在。"①"标"写作"镖""镳"属于同音借用现象。

【宿娼—宿倡】

(a)闲时吃鸦片、斗骨牌、宿娼,弄得骨瘦筋疲,比杨太真赵飞燕还要柔弱,叫他杀敌御侮,自然是不成功的了。[中国白话报 1904(12)1]

(b)他必不受训侮,如受训侮,肯违祖宗传子的意思吗?他必公然宿倡,不宿倡,就会有小老婆吗?[竞业旬报 1908(31)35]

按:清末民初,"宿娼"与"宿倡"为异形词,表示"与妓女奸宿",《说文·人部》:"倡,乐也。""倡"本义指古代歌舞艺人,如《晏子春秋·问下四》:"今君左为倡,右为优,谀人在前,谀人在后。"引申指妓女,此义后写作"娼"。

【报仇—报雠】

(a)各村乡民,大为不平,约齐了出卖田地,凑起银子来,置办枪炮,要去报仇。[京话日报 1904.12.11-1]

(b)周朝时有一个越国的王,名唤句践,被吴国掳去,受十分羞辱,句践后来回国,时时刻刻要想报雠。[杭州白话报 1901(22)13]

按:清末民初,"报仇"与"报雠"为异形词,表示"采取行动打击仇敌","雠"是个会意字,左右是两只鸟(隹),中间夹着一个"言"字,本义为应对,引申指仇敌。"仇"亦有"仇恨、仇敌、怨恨"的意思,如《书·五子之歌》:"万姓仇予,予将畴依?"孔传:"仇,怨也。"

(四)中补式异形词

中补关系是指构成复合词的两个词素,在前的一个为中心成分,在后的是对中心成分的补充说明。中心成分多为动词性成分或形容词性成分,清末民初白话报刊中,中补式异形词共计8例②,其中异形成分可以是中心成分,仅有1例,如:

【撤掉—彻掉】

(a)(学务公)便密密的派了一个委员出来,细细的查了一回,晓得石介甫的声名不好,便想要撤掉他的教务长。[申报 1908.09.22-20]

(b)譬如一般敷衍的,怕与学生冲突,将他位置彻掉,因此就用柔媚手

---

① 曲彦斌主编. 语言民俗学概要[M]. 郑州:大象出版社,2015:97.
② 以下仅列举6例,另有"沉没—沈没、辨认—辩认"见于第四章。

段；一般刚愎的，怕不加学生压力，就不能自在，学生又将他看轻了，因此时与学生冲突。[竞业旬报 1908（34）15]

按：清末民初，"撤掉"与"彻掉"为异形词，表示"裁撤"，"彻"繁体作"撤"，本义指饭后撤去餐具。《诗·小雅·楚茨》："诸宰君妇，废彻不迟。"郑玄笺："诸宰彻去诸馈。"引申指撤退、退去。后来"彻"专用于表示通透之义，而"除去、消除"义则由"撤"承担。如《论语·乡党》："不撤姜食。"何晏集解引孔安国曰："撤，去也。"汉·王粲《公宴诗》："凉风撤蒸暑，清云却炎晖。"

中补式异形词中，异形成分也可以是补充成分，有5例，如：

【说到—说道】

（a）伯安说到此处，不觉吊下泪来，女学生等也一同流泪不止。[中国白话报 1904（5）72]

（b）记者说道这里，精神也就倦了，读者不要急，等到下次再谈谈安徽白话报的宗旨罢！[安徽白话报 1909（3）6]

按：清末民初，"说到"与"说道"后均可加处所名词，"到"表示到达之义，"道"用作"到"在宋代便已经出现，如辛弃疾《昭君怨》词："落叶西风时候，人共青山都瘦。说道梦阳台，几曾来？"这里的"道"后面的"梦阳台"，是具体的处所。现代汉语中，"说到"与"说道"区别明显，"说到"后常是处所名词，而"说道"后常是具体的话语。这是因为"道"的常用义为"说、讲"，而"到"的常用义为"到达"。

【除掉—除吊】

（a）由此看来，我国欲实行立宪，必先除掉缠足，恶风欲除缠足恶风，必须仰仗天足会。[大公报 1911.09.07-9]

（b）从今往后再不想法子除吊了他，再过几十年的功夫我们四万万同胞，呀呦，只怕都沉了苦海了罢！[京话日报 1905.11.24-1]

按：清末民初，"掉"与"吊"是异形词，它们均可放在动词后面，除"除掉—除吊"外，清末民初白话报刊中，另有"改掉—改吊""离掉—离吊""废掉—废吊"等，"掉/吊"其词汇意义为"遗失、遗落"，这应该是在"落下"义项上引申而来。后来，逐渐虚化，表示动作完成。"掉"写作"吊"，属于同音借用。

【耳朵—耳躲】

（a）果然声动三界，菩萨果然有灵，那天上神灵的耳朵，可不是要把你们念佛的声音，弄成个聋子么？[杭州白话报 1903（16）4]

第二章　清末民初双音节异形词汇考

（b）街前每有汉兵走过，后面必有几十个男人女人哀号跟着。……隔了半天，满兵过的，稍为少了些，耳躲只听得悲苦声音。[中国白话报 1904（20）31]

按："耳朵"也可以写作"耳聨"，如元·佚名《谢金吾》第二折："我与你摇臂膊，揪耳聨，高声和。"清·蒲松龄《日用俗字·身体章》："鼻梁在脸为中岳，耳聨与腮作近邻。""聨"是受"耳"字同化而产生的俗字，通过增加意符，以进一步明确字义。"耳朵"写作身旁的"躲"可能是受耳旁"聨"的影响，"耳"旁是身体部分，俗字中常用作"身"旁，如"职—軄、耽—躭、聃—軹"等。可见，在耳朵意义上，"躲"为"朵"的换旁俗字。

【混合—混和—浑合】

（a）因为养气太浓，一切动物，吃了这些浓养气，必定要气息喘噪，昏昏迷迷的死了，有这种淡气混合在里面，才能够有益无损。[安徽俗话报 1904（18）2]

（b）其构造就用亚铅，（锌）圆筒或方筒，以厚纸包住了他，里面入以炭精板。（用煤炭屑—面粉—糖水三样东西混和做成的）[竞业旬报 1908（21）9]

（c）洋油精这样东西，最容易变气化散，跟空气浑合，引火很快，所以屡次轰炸。[京话日报 1905.08.12-4]

按：清末民初，"混合""混和"与"浑合"为异形词，表示"搀杂、合并"，"浑""混"均与水相关，表示水的状态，《说文·水部》："浑，涽流声也。"本义为水奔涌声，引申指浑浊，水不清，由不清又引申指混同。《说文·水部》："混，丰流也。""混"的本义为水势浩大，水大则不分，引申出混淆、无分别义，又用作动词，表示混合、混同。在"混合—浑合"中，"浑""混"意义相同，均有混合、混同义。"合"的本义为"扣合、闭合"，《说文·亼部》："合，合口也。"引申指"聚合、会合"。"合"写作"和"属于同音通用。

【师父—师傅】

（a）第二条说，若要指望着拿枪礮打仗，是不中用的，徒弟怎会能打过师父呢？该当另想法子制他们。[大公报 1902.08.08-4]

（b）平常所说的，父亲告诉儿子，哥哥告诉弟弟，妻子劝丈夫，朋友劝朋友，师傅教训徒弟，口口声声的话，不过就是一身一家。[京话日报 1906.02.23-2]

按：清末民初，"师父—师傅"为异形词，表示对老师的尊称，"父""傅"语义不同，"父"表示父亲，古人有"一日为师，终身为父"的观点，"X+父"

107

还可以表示亲密关系，如"姨父、舅父、姑父、叔父"等，"傅"表示辅佐、教导，偏重于对老师职责的描述，"师父—师傅"构词理据不同，但所表语义相同。

（五）主谓式异形词

主谓关系的复合词是由名词性词素与谓词性词素组合而成，二者之间是陈述关系，清末民初白话报刊中，主谓式异形词共计5例，其中异形成分可以是名词性词素，仅有1例，如：

【猴急—喉急】

（a）倘仍是这般猴急马惶，怙过不改，老狲便要取出金箍棒当头猛击，打成一个塌饼。[大公报 1920.02.28-11]

（b）柳国斌恐怕他妻子一吵起来，……只得伴笑道："原来如此，怪不得你这样的喉急，你别嚷，一到明儿，就有钱了。"[绣像小说 1903（8）1]

按："猴急—喉急"均表示着急，"喉急"的理据义来自"喉"的科学含义，古人咽、喉不分，认为喉就是咽，《说文·口部》："喉，咽也。"实际上，"喉"是呼吸道的前端部分，上通咽，下接气管，兼有通气和发音的功能，而"咽"是消化和呼吸的通道，位于喉的上方。正因为这种错误认识，"喉急"取象于人极渴状态下急于饮水时的状态。[1]"猴急"的理据义来自"猴"的通俗意义，抓耳挠腮是猴子经常做的动作，很像人着急时的情态，故作"猴急"。在清末民初，"猴急—喉急"混用无别。

主谓式异形词中，异形成分也可以是动词性词素，有4例，如：

【麻烦—麻翻】

（a）〔麦俪昭争辨道〕据你说的公妻主义，教我们当女社员的天天晚上有许多男子来胡闹，不麻烦死了么？[申报 1914.10.27-13]

（b）此后三国六朝，乱嘈嘈的忽然改成州，忽然又改成郡，也太麻翻了，直到唐朝贞观时候，又分为十道，略整齐了些。[中国白话报 1903（2）21]

按：清末民初，"麻烦—麻翻"为异形词，表示烦琐、费事义。在近代汉语中，"麻翻"还可表示言语絮叨。《古今小说集成》清李百川《绿野仙踪》第二十回："郭氏抱住头，连连摇醒，在耳根前问道：'他为什么杀官兵？'不换恨命的答道：'他为就他哥哥连国玺。真麻翻，狗攘！'"夹批曰："北方口语。麻翻，絮聒不已也。"曾良认为"'麻翻'就是今'麻烦'，其语源也可通，芝

---

[1] 王东海，王丽英. 历时与共时层面的"猴急""喉急"和"喉极"辨析 [J]. 辞书研究，2008（6）：52-59.

麻翻了在地，要捡起来就很啰唆，故'麻翻'有啰唆义。"①随着"麻翻"理据义的消失，"烦"更能体现出烦琐之义。

【日食—日蚀】【月食—月蚀】

（a）这一班人，无一个不精通天文算学，在中国译书演算，推算日食月食，皆比中国的旧法精妙许多。[安徽白话报1909（6）21]

（b）邹绍衍道："这有什么不明白呢？月蚀是月为太阳光所掩，日蚀是日为月光所掩。"[绣像小说1905（55）301]

按：清末民初，"日食—日蚀""月食—月蚀"为异形词，分别记录两种天文现象，而词形不同。月球运行到地球和太阳的中间时，太阳的光被月球挡住，不能射到地球上来，这种现象叫日食。地球运行到太阳与月球之间，月球因受地球所阻，照射不到太阳光，月面变黑，这种现象叫月食。"蚀"指侵蚀、亏损，"食"指被吃，"蚀"是对天文现象的一种客观描写，而"食"是人们对自然现象了解不足，引起的联想和猜测，古代还有天狗食月的民间传说。

【年轻—年青】

（a）我假作无事似的抬头望望，只见官前露台之上立着一位年轻貌美的姑娘，斜倚石栏杆畔支颐遐想。[申报1915.09.20-14]

（b）看戏的年青妇女多得很，遇了男戏子做这些淫戏，也就难看了。[安徽俗话报1904（11）5]

按：清末民初，"年轻"与"年青"在用法上完全相同，均指年纪不大。"年青"和"年轻"各有理据，"青"有青年之义，"轻"有数量少，程度浅之义。随着二者的语义差别逐渐凸显，在现代汉语中，已分化为意义有别的同音同义词，如贺国伟主编的《同义词词典》："'年青'一般只指人的年龄属于青年阶段，不用于儿童或中年人。'年轻'可用于相互对比或指相对时间，还用于事物，如说'年轻力壮、年轻的学科、母亲比父亲年轻一些'。"②

第三节 重叠式、附加式异形词

重叠式异形词是由几个相同的语素重叠而成，清末民初白话报刊中共计5

---

① 曾良.明清通俗小说语汇研究[M].南昌：江西教育出版社，2009：175-176.

② 贺国伟.同义词词典[Z].上海：上海辞书出版社，2018：309.

例[①]，其中可以是两个词根语素重叠而成，如：

【白白—拜拜】

（a）到了民散国危的时候，安身无处，虽然有金银财宝，也是白白的奉送给人，不过替人看守几天就是了。[大公报 1902.10.10-2]

（b）说先人产业，例应平分，怎么做好人，自家不要，反拜拜送与人用。[绣像小说 1903（4）1]

按：清末民初，"白白"与"拜拜"为异形词，表示"无代价，无报偿"义。现代汉语中，"拜拜"表示再见义，是英文"bye-bye"的记音词，"再见"义在现代汉语中，也偶见有用"白白"的，如"后来，她终于跟他'白白'了。"（刘嘉陵《硕士生世界》，《清明》1988 年第 5 期），史有为："'拜拜'目前已被汉语音系所同化，不仅浊音清化了，而且产生了声调，变成了 bái bái 或者 bái bai。"[②] "拜拜"最终成了再见义的专用字，而"拜"和"白"因为语音近似的混用却很早就开始了，只不过用法不是很普遍，"白白"写作"拜拜"属于同音借用。

【常常—长长】

（a）鲁杨氏因夜间睡不着觉，走到杨三房里说闲话，便彼此调戏成奸，从此常常的来往。[京话日报 1904.09.20-2]

（b）熊夫人回到家中，就有几个多嘴献勤的丫鬟老妈，把吕观察长长住在外面的事情，和熊夫人说了一遍。[申报 1910.03.23-26]

按：清末民初，"常常—长长"均可表示经常之义，"长"通"常"，"长长"即常常，表示经常义，除此之外，"长"另有其词义系统，"长长"还可以表示长久，该意义宋代就已经出现了，如《朱子语类》卷七十二："有昼必有夜，设使长长为昼而不夜，则何以息？"清末民初，"常常"和"长长"尚有混用现象，现代汉语中，"常常"与"长长"则区别明显。

重叠式异形词中也可以由两个音节构成，表示一个语素，如：

【姥姥—老老】

（a）前天晚上，东城北岔住户忠姓老妇正在要睡觉的时候，有他外孙子松姓弟兄二人前来借贷，姥姥没答应。弟兄二人，一个揪住姥姥的手，用手巾把嘴堵住……[京话日报 1913.11.01-4]

（b）这三日里头，已是换了七八个，后来看定一个姓石的，乃是西街上

[①] 以下仅列举 4 例，另有"沉沉—沈沈"，见于第四章《单向异形词》一节。

[②] 史有为. 相对形式的产生、发展与接受 [A]. 语言·社会·文化：首届社会语言学学术讨论会文集 [C]. 北京：语文出版社，1991：117-118.

开豆腐店的，闵老老的外甥女。[绣像小说1905（41）3-4]

按：清末民初，"姥姥"与"老老"为异形词，表示"年老的妇人"，"老"的本义为老人，"姥"，读 mǔ，本义指老年妇女以妇道教人者，《广韵·姥韵》："姥，老母，或作姆，女师也。"《玉篇·女部》："姆，女师也。"引申泛指老妇，后又读作 lǎo，借用于表示外祖母，收生婆婆等，而"女师"义则由"姆"表示。

【洋洋—扬扬】

（a）一村的人，都说他教得好，仁寿也自命驾驭得法，洋洋得意。[安徽白话报1908（3）1]

（b）到把玫瑰花弄得没趣起来，因暗想道：钟国洪是个顶热心的志士，为什么忽然变做凉血动物了，听了我这话，毫不动心，还是这样扬扬得意，岂非丧心病狂么？[中国白话报1904（9）65]

按：清末民初，"洋洋"与"扬扬"为异形词，表示十分得意的样子。"洋洋"可以表示自得貌，喜乐貌。如《古文苑·班固〈十八侯铭〉》："洋洋丞相，势谲师旅。"章樵注："洋洋，得意貌。""扬扬"亦可以表示得意貌，如《荀子·儒效》："呼先王以欺愚者而求衣食焉，得委积足以掩其口，则扬扬如也。"杨倞注："扬扬，得意之貌。"

附加式异形词由词根语素与词缀语素构成，清末民初白话报刊中，附加式异形词共计19例，其中异形成分可以是词缀，有7例，如：

【以来—已来】

（a）在入夜以来，雄妓之拉客，乞丐之追人，几于道路为塞。风俗之恶劣，何为独着于四马路耶。[申报1908.02.20-12]

（b）上海商品陈列所开办已来，外间的舆论说办得好的固属不少，然而说办得不好的亦多得很呢！[竞业旬报1908（23）18]

按：清末民初，"以来—已来"均可表示"从过去某时直到现在"，"以来"在先秦作品中便已经出现，常见于"自…以来"这种表达方式，如《孟子·公孙丑上》："出于其类，拔乎其萃，自生民以来，未有盛于孔子也。""自……以来"相当于现代汉语中的"从……以后"，汉代始，"以来"不再限于这种表达，而可以单独与表达时间概念的名词性成分相连接，构成"……以来"这种形式。且在汉代便有"已来"这一词形，如《史记·乐毅列传》："自五伯已来，功未有及先王者也。""以来"之所以可写作"已来"，是因为"已"也可以表示时间、方位、数量的界限。如《孙子·作战》："故车战，得车十乘已上，赏其先得者。"《汉书·文帝纪》："年八十已上赐米人月一石，肉二十斤，酒

111

五斗。"现代汉语中,"已来"已经分化为动词性成分,主要是受"已"常用义的影响。

【哑巴—哑吧—哑叭】

(a) 振亚走到面前,想要安慰他几句,岂知搜索枯肠,没有一句话可以说的,顿然之间两个人都变成了哑巴。[申报 1914.08.11-13]

(b) 东西各国,最重教育,以为是一个人,都应该有学问的,就是没有眼的瞎子,不会说话的哑吧,也都得想法教他。[京话日报 1904.09.19-3]

(c) 偏生潘世安这时候又忽然查考他的功课,他益发不大高兴,只把个头垂到胸口,像煞一个哑叭一般,死也不答一句。[大公报 1918.10.14-11]

按:清末民初,"哑巴""哑吧"与"哑叭"为异形词,指由于生理缺陷而不能说话的人。"巴"是构词后缀,按照"巴"所表示的意义,"X巴"大致可分为三组:①表示粘粘或附着之物:泥巴、盐巴、锅巴;②表示人或动物体上的突出部分:嘴巴、下巴、尾巴、肋巴;③表示有某种生理缺陷或有智能缺陷的人:哑巴、瘸巴、结巴、憨巴。① "巴"写作"吧""叭"可能属于读音相同,处于轻声位置上,"吧""叭"受"哑"偏旁类化的影响,容易加上口旁。

【这么—这们—这门】

(a) 问:牡蛎这么大的东西,他有气力没有?答:世界上的动物气力,顶大的要算是牡蛎了。[绣像小说 1903(1)1]

(b) 辛庄大棍某某,一人出头,包庇各炉,每炉按日报效,每日有一百余金进他的门,气焰熏天,手眼极大,他怎么有这们大胆子呢?[京话日报 1905.03.13-1]

(c) 他在家乡的时候,从没听见他读过外国书,怎么到了上海,就有了这门大的本事,连外国书都会改呢?[绣像小说 1904(17)86]

按:"这么—这们(门)"为代词,表示这样、这般。其中,"么"和"们(门)"用字不同。"么"为疑问代词,"们(门)"为复数词尾,"门"与"们"为古今字关系。江蓝生认为"么""们"同源,来源于实词"物","物"向两个不同方向虚化为疑问代词"么"和复数词尾"们"。② 由于语法成分的汉字标记一般只记音,"X+么/们"处于轻声语音环境下,轻声音节的韵母大都含混,甚至失去韵母,只保留声母,于是出现了用字变换。在近现代汉语中,"么""们"在方言口语中常读成一个鼻音,注音可写作"-m",在北京方言

---

① 徐复岭.一个兼类后缀——"巴"[J].济宁师专学报,1986(2):53-56.
② 江蓝生.说"么"与"们"同源[J].中国语文,1995(3):180-190.

112

中，么：怎么（zěm），什么（shém）；们：我们（wǒm）。张洪魁指出："象'么''们'这样的语法成分，其语义指向和读音远不如单音实词稳定，书写形式多变也不足奇怪。书写者可以刻意模拟口语读音，也可以照顾习惯用字以便读者理解，这样用字也就有了差异。"①

【我们—我门】

（a）要开民智，先从读书人开起，能求读书人不呆，作官的可就有用了，百姓也就不傻了，我们中国的前途，或者还有个万一的指望。[京话日报1906.07.01-2]

（b）须知道欺负我门工人的，只有在美国本地的工人，与在中国的美国人不相干，与在中国的别国洋人更是不相干。[安徽俗话报1905（21、22）13]

按：清末民初，"我们"与"我门"为异形词，表示"包括自己在内的若干人"，"们"为后缀，跟在人称、物称代词或指人、指物的名词后面，表示复数。"门"在宋代就可以用作"们"，如宋·辛弃疾《千年调·蔗庵小阁名曰厄言作此词以嘲之》词："学人言语，未会十分巧。看他门，得人怜，秦吉了。"

【偶尔—偶而】

（a）那无形的资本便是信义，是个没有数儿的，全仗着平日留心，处处要保全这两个字，若偶尔疏忽，把信义亏了，要翻回来狠不容易。[京话日报1904.09.21-1]

（b）日前有个学究，他因走得乏了，偶而小解，被巡士看见，巡士以其学究也，有意侮辱之。便上前吓道："撒野尿，这是付公地方。"[竞业旬报1909（40）48]

按：清末民初，"偶尔"与"偶而"并存共用。表示间或、有时候。"偶尔"一词大约产生于晋代，《尔雅·释言》："遇，偶也。"郭璞注："偶尔相值遇。"郝懿行义疏："偶者，偶尔，言不常也。"而"偶而"则产生于清末民初，黄今许认为"偶尔"写作"偶而"是同音通假现象。他还指出："一，'偶而'的出现，大概是在'五四'新文化运动前后；在此之前，还未发现此词用例。二，同一位作家，时而用'偶尔'，时而用'偶而'，顺手拈来，并行不悖。"②现代汉语中，"偶而"已被淘汰。

---

① 张洪魁.关于"么""们"的读音 [J].东岳论丛，1997（2）：98–102.
② 黄今许."偶尔""偶而""偶耳"小议 [J].龙岩师专学报（社会科学版），1989（1）：120–121.

【庄稼—庄家】

（a）家家户户、男男女女、大大小小，都晓得遍种树木的好处，又不占庄稼地方，又可发大财，自然地无旷土。[大公报 1904.05.15-2]

（b）天主教民率领多人，把地里庄家割去，又到圣公会教堂大闹。[京话日报 1905.06.30-3]

按：清末民初，"庄稼"与"庄家"为异形词，均可表示粮食作物义。"庄家"本来表示庄稼人、农家，其构词为"n+家"，"家"放在名词之后，指经营某种行业的人或人家，以此构成的词另有"船家""渔家""田家"等，后来"庄家"由农家义引申为地里的农作物，这是转喻机制下发生的相关联想，早在明代，"庄家"就有农作物义，如明·汤显祖《邯郸梦·入梦》："谢圣人在上，去秋庄家，一亩打七石八斗。"由于"稼"很早就有庄稼义，如《诗·豳风·七月》："九月筑场圃，十月纳禾稼。"宋·朱熹集传："禾者，谷连藁秸之总名；禾之秀实而在野者曰稼。""庄家"的"家"换作"稼"字，"庄稼"连用直到清末民初才出现的。由于"稼"从"禾"，从字形上便可看出其类别，且意义较为单一，而"家"的语义负担较重，《汉语大词典》收录了"家"4个读音，共计37个意义，因此在以后的使用中，"庄稼"用于表示农作物，而"庄家"则继续表示农家，或者表示赌博或某些牌戏中每一局的主持人。

【怎地—怎的】

（a）可怜那新人任人怎地蹧踏，只得合着眼，低着头，半句话也不能说，好像犯了什么大法，应该任人陵辱的一般。[安徽俗话报 1904（4）3]

（b）不知那汉子怎的碰了外国人，那外国人不问情由，刷起来一个嘴巴子，打得那鸟旗牌叫苦连天。[杭州白话报 1903（16）2]

按：清末民初，"怎地"与"怎的"为异形词，冯春田："'怎地（的）'大约始起于金代，元明时期又多作'怎的'。"[1]"'怎地'是'怎么地'的缩音，还是由'怎'直接加'地'而成，至今尚无明确的结论"[2]。可见，"怎地"与"怎的"是近代汉语白话口语词，一直延续到清末民初。它们在使用中无别，如金·董解元《西厢记诸宫调》卷六："你试寻思，早晚时分，迤逗得莺莺去，推探张生病，恁般闲言语，教人怎地信？"《儒林外史》第四五回："这是王父母前日在仁大典吃酒席上亲口说的，怎的不确？"这与

---

[1] 冯春田.近代汉语语法研究[M].济南：山东教育出版社，2000：219.
[2] [日]香坂顺一著，[日]植田均译.水浒传词汇研究[M].北京：文津出版社，1992：59.

宋代以后"地"与"的"的混用相关,现代汉语中,"地"与"的"已有明确的分工。

附加式异形词中,异形语素也可以是词根语素,有12例[①],如:

【以致—以至】

(a)我们中国因为从前受人强迫,误订了许多不平等的条约,以致国家人民受了多年的无穷委屈困苦。[大公报1919.01.16-3]

(b)那是我的堂房侄儿,种了五亩田。不赶正经,合了一班不三不四的朋友,吃酒赌钱,以至拖欠钱粮。[绣像小说1904(19)2]

按:清末民初,"以致"与"以至"为异形词,表示"上文所说的情况,引出了下文的结果"。"至"的甲骨文字形为"￪",像射来的箭落在地面上,本义为到达,如《诗·秦风·渭阳》:"我送舅氏,曰至渭阳。""致"的本义为致送,《说文·攵部》:"致,送诣也。"表示送达,使达到。如《汉书·终军传》:"军自请,愿受长缨,必羁南越王而致之阙下。""致之阙下"指"使之至阙下","至"和"致"为使动关系。

【钉子—丁子】

(a)首县里办差的家人,碰了这个钉子,一肚皮的闷气,走出去,嘴里叽哩咕噜。[绣像小说1904(21)113]

(b)若到总局追问,一定要碰丁子的,做出那种带理不理人的面孔,回复你个不知道,也就拉倒了。[京话日报1904.09.30-1]

按:清末民初,"钉子"与"丁子"为异形词,"钉子"与"丁子"本义指用于固定或起连接作用的对象,本作"丁",是象形字,甲骨文为"●",像钉帽的俯视图,在战国及秦汉时期,出现了像侧视图的写法,如"ㄱ""丆",后来变成了形声字,另加"金"旁作"钉"。在近代汉语中,"钉子"产生了比喻义,常与"碰"等连用,比喻难堪,困难。

【沙子—砂子】

(a)非洲大沙漠撒哈拉的中间,有草地一两处,仿佛大海里的小岛,过路的常被沙子埋住,所以无人敢到。[京话日报1906.03.12-4]

(b)这其间天也清,浪也清,风啊土啊,砂子啊,树林啊,没一件不清。[绣像小说1906(71)9]

按:清末民初,"沙子"与"砂子"是异形词,"沙"的本义为细碎的石粒,《说文·水部》:"沙,水散石也。从水,从少,水少沙见。""砂"是"沙"

[①] 以下列举11例,另有"弯儿—湾儿"见于第四章《单向异形词》一节。

的后起分化字,将水旁换成石旁,以突出沙样碎石之义。《广韵·麻韵》:"砂,俗沙字。"

【码头—马头】

(a)所以法国的酒商最是著名,凡是大都会,大城镇和各通商码头差不多,没一处没有法国酒店的。[京话日报 1904.08.19-4]

(b)这广州的地方,就是广东的省城,是个通商的马头,人口有一百五十万。[中国白话报 1904(8)35]

按:清末民初,"码头—马头"可以表示交通便利的商业城市,其最初词形为"马头",在南北朝文献中已见,因表"水边伸出以便兵马上船之地"而得名。随着社会发展,码头不仅可作军用,也可用于装卸货物、上下乘客,"马头"词形已不具备区别度。因其置石于水边,或用石头筑成,于是借用后起字"码"表示,"码头"成为典型代表,"马头"则用作短语,用于表示马的头。

【丫头—鸦头】

(a)世空笑道:"痴丫头,不是我还有谁来?"那丫头不禁抿嘴儿笑了起来。[申报 1913.03.23-13]

(b)那医生却预先叫那病人的鸦头,把一只狠小的死虾蟆暗地里放在那吐的东西里面。[竞业旬报 1906(3)30]

按:清末民初,"丫头"与"鸦头"为异形词,"丫"是象形字,指物体上端分叉的部分,《集韵·麻韵》:"丫,物之岐头者。"古代未成年女子,多将头发集束于头顶,编结成两个小髻,形态就像树的丫杈,所以称之为"丫头"。"鸦头"另有理据,据《潜居录》记载,约在五代之前,吴越一带的妇女以黑发为美。其保养头发的秘诀是,每年除夕捉一只乌鸦,以米面果子好生喂养,养一段时间后,妇女晨起梳妆,便先用木梳和篦子梳理乌鸦的羽毛,边梳边祈祷说:"愿我妇女,黯发髿髿,惟百斯斗,似其羽毛。"然后以五色丝缕系于鸦颈而放之,视乌鸦飞行的方向,卜一岁之吉凶,故那时称女人的发髻为"鸦髻""鸦头",女孩子因之俗称为"鸦头"了。①

【哪儿—那儿】

(a)华人定了个死罪,洋人只定个监禁,两下一比较,轻重差到哪儿去了?[京话日报 1905.04.10-1]

(b)这个"名誉"从那儿得来呢?原来世界上的事,无论什么事,都有个是与非,有了是非,那行的是的人,自然人家都称道他,赞美他。[竞业旬报

---

① 杨建峰主编.细说趣说万事万物由来[M].西安:西安电子科技大学出版社,2015:115.

1909（38）1]

按：清末民初，"哪儿—那儿"为异形词，为疑问代词，用于询问处所，而现代汉语中，"哪儿"与"那儿"区别十分清楚，"哪儿"为疑问代词，而"那儿"为指示代词。"那"的疑问用法最迟汉代已出现，而远指的指代用法始见于初唐，晚唐五代以后大量出现。冯春田认为："指示代词'那'与疑问代词'那（哪）'应该是同源的。在近代汉语里，疑问代词和指示代词同源的不乏其例。"[①] 这大概与疑问（用于询问人物、处所）自身具有疑问与指称双重属性相关。在语言发展中，由于"那"指称不够明确，不符合语言明晰性原则，因此发生了词义分化，疑问用法由"哪"担任，而"那"则用于表示指代。清末民初，以此构成的异形词另有"哪里—那里、哪敢—那敢、哪怕—那怕、哪有—那有、哪个—那个"等。

【贸然—冒然】

（a）鄙人对于社会上的事情，曾不敢贸然执笔，然就近几年看来，风气虽日渐开通，道德反日见堕落。[京话日报1914.08.04-1]

（b）倘若是一味冒然从事，听国中几个人的主张，并不权一权利害的轻重，糊里胡涂的办下去，恐怕不久要将我们大好山河弄得土崩瓦解。[大公报1912.01.23-6]

按：清末民初，"贸然"与"冒然"为异形词，表示冒失轻率貌。《说文·冃部》："冒，冡而前也。"段注："冡者，覆也。引伸之有所干犯而不顾亦曰冒。如假冒，如冒白刃，如贪冒是也。"因此，"冒"有不顾客观情况，轻率从事之义。"贸然"来自"贸贸然"，其最初的意义表示目不明的样子，如《礼记·檀弓下》："有饿者蒙袂辑屦贸贸然来。"郑玄注："贸贸，目不明之貌。"引申为不明方向或目的，又引申为行事轻率，不加考虑。"贸然"与"冒然"词义相通。

【悚然—竦然】

（a）就把电报接了过来，见是家乡来的，连忙翻了出来，仔细一看，不觉毛骨悚然，吓了一身冷汗。[申报1908.01.04-18]

（b）几句话说得悔生在旁听着，不觉毛骨竦然，幸亏子输不知道他来意，只当他是诚心悦服，并不腻烦。[学究新谈，绣像小说1905（58）04]

按：清末民初，"悚然"与"竦然"为异形词，表示惶恐不安貌。"悚"本义为恐惧，惶恐。《孔子家语·弟子行》："不慭不悚。"王肃注："悚，惧。" "竦"

---

① 冯春田. 近代汉语语法研究[M]. 济南：山东教育出版社，2000：119.

通"悚",表示恐惧,惊惧。如《诗·商颂·长发》:"不震不动,不戁不竦。"毛传:"竦,惧也。"

【燕尔—宴尔】

(a)(众白)好个伶俐女人,恭喜元帅,贺喜元帅,今旦元帅新婚燕尔,请早点安置罢![中国白话报1904(20)51]

(b)自此两家便结了儿女姻亲,蔡二自从娶了妻子以后,至今还不曾有半年光景,新婚宴尔,其乐融融。[大公报1918.10.31-11]

按:清末民初,"燕尔"与"宴尔"为异形词,表示新婚夫妇欢乐亲昵。语出《诗·邶风·谷风》:"宴尔新昏,如兄如弟。"陆德明释文:"宴,本又作'燕'。"上古汉语中,"燕"与"宴"同属影母,两者是双声关系,"燕"能与"宴"相互假借。"宴"本义为"安",《说文·宀部》:"宴,安也,从宀,晏声。"段注:"经典多假燕为之。"由于燕子成双成对出现,衔泥筑巢,哺育幼燕,这与中国人"安身立家""相夫教子"的简单夙愿契合,因此,具有深厚的文化内蕴,可以表示"安定"义,如《易·中孚》:"初九,虞吉,有它不燕。"孔颖达疏:"燕,安也。"《后汉书·郑兴传》:"昔张仲在周,燕翼宣王,而诗人悦喜。"李贤注:"燕,乐也。"

【什么—甚么】

(a)却说冲天炮虽是维新到极处,却也守旧到极处,这是什么缘故呢?冲天炮维新的事表面,守旧的是内容。[绣像小说1905(53)287]

(b)到了工业不竞,商学不竞,农业不竞,这国家成甚么国家呢?[竞业旬报1908(11)10]

按:清末民初,"什么"与"甚么"为异形词,"什么—甚么"一般认为来源于"是物","甚"写作"什"可能受到了方音影响,也跟"从简"倾向相关。吕叔湘认为:"自从是物融合成为一个语词之后,是字受物字声母(m-)的影响,才变为音为甚(-m)和什(-p)。"[1]江蓝生赞同此说,指出:"甚(-m)字又作什(-p),可能由于当时(九世纪)某些方言中,当[-p]位于鼻音之前时音变为[-m](如汉藏对音材料中"十二""十五"的"十"用[ɕim]标注);此外'甚'的常用义为程度副词'很',感到用它兼表疑问不太合适,于是就选用笔画少的'什'来代替。"[2]

---

[1] 吕叔湘.近代汉语指代词[M].上海:学林出版社,1985:130.
[2] 江蓝生.说"么"与"们"同源[J].中国语文,1995(3):180-190.

【似的—是的】

（a）现在俄国和日本开仗，却好又打败了，这个消息传到俄国，那全国的革命党，便潮水似的涌起来了。[安徽俗话报1904（2）9]

（b）求见其夫，不容分说，喉中若有一物鲠着是的，呜呜咽咽，哭不成声，连话都说不出来。[竞业旬报1908（15）57]

按：清末民初，"似的"与"是的"为异形词，据江蓝生[①]考察"似的"有两个来源：（1）似的（sì·de）：是"也似的"省略，"也似的"是搬用蒙古语语序而产生，"似的"和"也似的"出现于明代；（2）似的（shì·de）：是"是的"的变体形式。"现代汉语北方话里的比拟助词shì·de（写作'似的'或'是的'）不是来自于似/也似→似的/也似的（shì·de）系统，而是来自于明代用于句末的助词'是的'。其引申路径大体为：表示判断语气→表不定判断语气→表示相似、比喻。"由于"似的"在字面上的表义性强，加之"是的"的常用义为表示肯定或同意，已产生固定的意义反应，因此，今人多使用"似的"。"似"是"是"的同音假借字。

第四节　结构类型不同的异形词

异形词的结构类型也可能会不同，这种情况比较特殊，在最初偶尔的用词重合现象，但由于同音同义，记录的是一个共同的词位，两个词形在发展演变中也相互渗透，我们也将之列入异形词的行列。清末民初白话报刊中，这种情况共计10例，如：

【发奋—发愤】

（a）看着这样的世态炎凉，人情反复。两个人便发愤读书，要想图一个腰金衣紫的功名。[申报1909.01.26-27]

（b）须要明白立学堂的本意，不是图名，不是图力，更不是挑幌子遮门面，当真不在行，就得发奋去学习。[京话日报1905.11.22-1]

按：清末民初，"发奋"与"发愤"各有理据，《说文·心部》："愤，懑也。"指情绪郁结心中。《说文·奞部》："奋，翬也。""翬"指鸟用力振翅而飞。"发愤"是动宾式结构，表示发郁结之气，重在感情强烈，表示痛下决心。"发奋"为并列式结构，重在采取行动，表示振作起来。

[①]　江蓝生.助词"似的"的语法意义及其来源[J].中国语文，1992（6）：445-453.

【蛤蟆—虾蟆】

(a) 该生以井蛙之见,附群吠之声,各学生的见识,如同井底下的蛤蟆。[京话日报 1906.07.24-2]

(b) 你一言,我一语,议场上的声浪立时三刻如像那青草池塘的虾蟆叫唤一般。[大公报 1914.06.26-13]

按:清末民初,"蛤蟆—虾蟆"均可表青蛙和蟾蜍的统称,"虾蟆"是一个叠韵联绵词,《说文·虫部》收录了"蛤""蟆"二字,分别解释为"虾,虾蟆也""蟆,虾蟆也"。"蛤蟆"为并列式复合词,"蛤"不是"虾"的异写,其读音不同,"蛤"用在"蛤蚧"一词中,"蛤蚧"又称大壁虎,是蜥蜴类爬行动物。其头部与青蛙或蟾蜍很像,因此引申为虾蟆义,"蛤"的虾蟆义始于南北朝时期,如《南齐书·卞彬传》:"彬才操不群,文多指刺……其《虾蟆赋》云:'纡青拖紫,名为蛤鱼。'"后来与"蟆"同义连用,构成同义复合词"蛤蟆"。

【名字—名子】

(a) 既用了外国材料,价钱自然是要贵,闹到归齐,还是把利权让给了外人,想想这个烟的名字,未免有些个名不副实了罢。[京话日报 1906.06.24-1]

(b) 如遇见雷雨的时候,电气就可以顺着铁条入于地中,就一点儿危险没有了,名子叫作防雷铁。[大公报 1905.06.05-2]

按:清末民初,"名字"与"名子"均可表示名称,名字。"名字"为并列结构,本指人的名与字。《礼记·檀弓上》:"幼名,冠字。"孔颖达疏:"始生三月而加名……年二十,有为人父之道,朋友等类不可复呼其名,故冠而加字。"后来引申指姓名,又引申指事物名称,"名子"由词缀"名"与后缀"子"构成,表示姓名或事物名称。

【凭空—平空】

(a) 诸君诸君,在下这番话,并不是凭空胡说的,在下曾经有点经验,看得别国人蹈过这个覆辙。[竞业旬报 1908(29)7]

(b) 那时候炮台上的人都以为日舰已去,无须防备,都放心的到黑甜乡去了,万不料平空里闪出这枝兵来。[杭州白话报 1902 第二卷(19)38]

按:清末民初,"凭空—平空"均可表示"突然,无缘无故"义,副词"凭空"的虚化来源于动宾短语"凭空",如《梁书·沈曰传》:"约惧,不觉高祖起,犹坐如初。及还,未至床,而凭空顿于户下。""凭空"表示凭借到东西,"空"为实义名词,随着"空"逐渐抽象、泛化,后来"空"转移为理由之类,

"凭空"表示无缘无故。"平空"来源于并列短语，最初义为平整、空白，如《水浒传》99 回："金殿平空，不见嵯峨气象；玉阶迸裂，全无锦绣花纹。"后来"平空"这种空间上的"平整、空白"义，通过隐喻认知以及人的主观化感受，逐渐引申、虚化出"平白无故"和"空、虚、无理由"义。从而完成了其从空间域向心理域的投射。

【合适—合式】

（a）于是便将望远镜放下，回头过来，看见一个红色灯军取来一对恰好便是，放在那灯台上甚是合适。[申报 1912.06.11-3]

（b）外国人会讲应酬的，要算璞公使第一，在应酬谈笑里边，能套换出种种的便宜这种好手段，用在中国最合式。[京话日报 1905.07.08-2]

按：清末民初，"合适—合式"均可表示"妥当"义，"合式"来源于动宾短语，表示"符合规格、程序"，在词义发展中，随着"式"语义虚化，"式"可转移表示主观或客观要求，"合"与"适"均有符合之义，"合适"为同义连用，表示恰当、妥当义。

【知道—知到】

（a）坐在家里，没有报看，好像睡在鼓里一般，他乡外府，出了倒下，天来的事体，也是不能够知道的。[安徽俗话报 1904（1）2]

（b）譬如吃一根纸烟，那里知到一根纸烟，比我们的一张报还要贵呢！[京话日报 1904.10.13-2]

按：清末民初，"知道"与"知到"均有晓得之义，二者来源不同，"知道"本为述宾式短语，"知"表示晓得，"道"表示道理，如《礼记·学记》："玉不琢，不成器，人不学，不知道。"后来"道"的意义逐渐虚化，六朝时期，"知道"就可以表示晓得的意义，"知到"为述补结构，在五代时期，"知到"便可以连用，《敦煌变文集新书》卷四："早知到没艰辛地，悔不生时作福田。"

【耗费—浩费】

（a）不是要八样金首饰，就是要六样或四样金首饰，至少也须两样金首饰，硬逼着男家多耗费钱财，家家如是。[大公报 1904.06.10-2]

（b）朝完了顶，下山回家一算账，上这一荡山，总得浩费个几百两银子，名为是烧香行善，实在是闲游取乐，花钱买脸。[京话日报 1905.05.05-1]

按：清末民初，"耗费"与"浩费"均有消耗、浪费义，二者各有理据，"耗费"为并列结构，"耗"与"费"均有亏损、消耗之义，在汉代时，"耗费"便可同义连用，如《史记·西南夷列传》："西南夷又数反，发兵兴击，耗费无功。""浩费"为偏正结构，"浩"有大义，用来修饰"费"，"浩+V"构成的词语，如"浩思"表示遐想，"浩饮"表示豪饮，"浩学"表示博学等，"浩费"出现于明代，如《大明孝宗敬皇帝实录》卷一百六十四"冗官浩费，漕政废弛，每年漕运官军用银计十四万余两，致使借贷预卖口粮，怨声动天。"

【阔佬—阔老】

（a）那茶房见他要到都督府去，料想是个阔佬，便有一个抢着答道："你老爷问都督府么？此去不远……"［小说画报1917（2）106］

（b）这位载振狠喜欢吃花洒，有一天约了几个商部侍郎，还有几个阔老，在北京余园地方吃花洒。［中国白话报1903（1）32］

按：清末民初，"阔佬"与"阔老"为异形词，表示"有钱有势的人"，"阔老"与"阔佬"各有理据，"阔老"是"阔老爷"的简称，是偏正结构，指年老的有钱人，与之相对应的词为"阔少"，是"阔少爷"的简称，指年少的有钱人，"阔佬"是来源于南方方言区而通行于全国的方言词，"佬"在南方方言区是个词缀，指成年男子，在有的方言区还带贬义。

【耿直—鲠直—梗直】

（a）（丑白）你又要去访那漆室，我嫌他皮气太耿直，一动儿就杵棒人，我不愿意去。［京话日报1906.06.03-6］

（b）本学堂长伊健湖，本在八旗高等学堂，充当经学教员，为人鲠直，很明白教授的法子。［京话日报1906.09.21-4］

（c）我想轿夫里头，也一定有性情梗直、脾气豪爽的人，应当劝劝伙计朋友，大家积点儿德行，不要把轿夫的招牌给做倒了，岂不更好了吗？［京话日报1905.01.20-1］

按：清末民初，"耿直—鲠直—梗直"为异形词，表示骨鲠正直。本字单作"鲠"，《说文·骨部》："鲠，食骨留咽中也。"段注："忠言逆耳，如食骨在喉，故云骨鲠之臣。《汉书》以下皆作骨鲠，字从鱼，谓留咽者鱼骨较多也。依《说文》则鲠训鱼骨，骨留喉中当作鲠。""鲠直"又可以写作"耿直""梗直"，用的是同音假借字。但"鲠直""梗直"为偏正结构，而"耿直"为并列结构。

【旋涡—漩涡】

（a）这时美芝桃花瓣的腮边，忽然起了一个圆涡，这个圆涡，好似三千弱水里旋涡一般。［绣像小说1904（38）52］

（b）走到那便所处在，不但毫无臭气，还有一股自来水在那便桶里打漩涡儿。［杭州白话报1903（14）16］

按：清末民初，"旋涡"与"漩涡"为异形词，表示水流遇低洼处所激成的螺旋形水涡。"漩"的本义为回旋的水,《说文·水部》:"㳬(漩),回泉也。""涡"表示水的旋流。"漩涡"为同义复词。"旋"的本义为周旋,《说文·从部》:"旋,周旋,旌旗之指麾也。"引申泛指旋转、转动,又引申指旋转成圈儿,如北魏·郦道元《水经注·湘水》:"山下有旋泉,深不可测,故言昭潭无底也。""旋涡"是偏正结构。

第三章　清末民初多音节异形词汇考

　　清末民初白话报刊中存在大量的多音节异形词，这也是清末民初异形词的一个重要特点。多音节异形词主要为三音节或四音节词，本章分为两节，第一节为三音节异形词，第二节为四音节异形词。

第一节　三音节异形词

　　清末民初白话报刊中，三音节异形词共计 21 例，其结构类型比较复杂，我们一一进行分析。
　　清末民初三音节异形词有音译词，共计 2 例。三个音节代表一个语素，异形语素只用于表音，而不代表任何意义。如：
【美利坚—米利坚】
　　(a) 美，美貌的美，凡是好对象、好名声都可以称美。阿美利加洲，在地球西面，同东半球不相连，美利坚国，在美洲居中的地方。[京话日报 1904.11.22-4]
　　(b) 查美国是合众国，叫做花旗，又叫做米利坚，在北亚墨利加的当中。纬线打赤道北二十五度起，到四十九度止。[绣像小说 1904（20）45]
　　按：清末民初，"美利坚"与"米利坚"为异形词，"美"与"米"混用就是受方音影响。"米"字 19 世纪的发音为：广东 [mai]、上海 [mi]、南京 [mi]、北京 [mi]。"美"在 19 世纪的发音为：广东 [mi]、上海 [mei]、北京 [mei]。作为 merica 中 [e] 的对音，与 [i] 相比较，以广东话的 [a] 和上海话的 [e] 更为合适。由于以 1860 年为界，西学东渐的中心地逐渐由广州或香港迁到上海，因此发生了借方音系的迁移[①]，为了适合当地的方言，[e] 的译字由广东话

[①] 千叶谦悟."米国"还是"美国"：传教士出版机构对外国地名书写的影响[A].复旦大学历史系，出版博物馆编.历史上的中国出版与东亚文化交流[M].上海：百家出版社，2009：503-504.

"米[mai]"转移到上海话"美[mei]"。"米利坚"变成了"美利坚",直到现在用的都是"美",这是由于方音差异造成的书写形式的差异。

【密斯特—密司特—密思特】

(a) 公爵道:"密斯特梅拉夫那么你今儿共带来有多少人呢？白菲儿如来不妨事么？"[申报 1915.05.21-14]

(b) 少时看见有一黑矮而胖的外国装朋友。……跑上船来,便问密司特劳,船上的仆欧,把他领到劳航芥的面前。[绣像小说 1905（42）235]

(c) 福插手衣袋中,谓之曰:"吾欲问汝,若吾明晨五句钟来访汝主密思特雪勒斯泊兰太早否？"[绣像小说 1903（6）7]

按:清末民初,"密斯特—密司特—密思特"为异形词,是英语 mister 的音译,除此之外,清末民初还有"密思忒、密斯忒、密司忒、密斯脱、密司脱"等词形,"斯/司/思"是"s"的音译字,由于汉语同音字众多,因此,有多种写法。

清末民初三音节异形词有偏正式结构,共计 4 例,异形成分主要在修饰语部分,如:

【城隍庙—城皇庙】

(a) 他婶母当真来到城隍庙,烧香磕头,已口恭恭敬敬的祷告着说:"城隍老爷呢,求你遮掩上司的耳目,叫我们快快发财！"[京话日报 1905.11.25-4]

(b) 这无锡米捐的款,本来甚多,每年有一两万串钱,均被无锡的无赖董士,借修理城皇庙为名,收入自己的腰包。[安徽俗话报 1904（11）9]

按:清末民初,"城隍庙"与"城皇庙"为异形词,"城隍"表示守护城池的神。《北齐书·慕容俨传》:"城中先有神祠一所,俗号城隍神,公私每有祈祷。""隍"为护城壕。汉·王逸《七谏·谬谏》:"悲太山之为隍兮,孰江河之可涸。"自注:"言太山将颓为池。""隍"写作"皇"属于同音假借。

【王八蛋—王八旦】

(a) 这样大事,你为什么不早些来报信？我的前程,生生的被你们这班混账王八蛋送掉了,我是要同你们拼命的。[绣像小说 1904（29）165]

(b) 倘若媒人从中说了谎话,衣服首饰礼物等件,有一样前言不符后语,更要闹得天翻地覆,把那班王八旦做媒的儿子,头都骂来了,腿都跑屳了,肚子都气大了。[安徽俗话报 1904（4）1-2]

按:清末民初,"王八蛋"与"王八旦"为异形词,为詈词,"旦"写作"蛋"属于同音替代。

第三章 清末民初多音节异形词汇考

【顷刻间—倾刻间】

（a）顷刻间一村的人，都聚了来，几几乎把庵门也挤破了，更是万簌于声，如潮水一般。[安徽白话报1908（3）1]

（b）倾刻间，祇听一片声喊，甲说："我的表不在了。"乙说："我的小皮夹。不晓得何处去了。"……[竞业旬报1908（32）50]

按：清末民初，"顷刻间"与"倾刻间"为异形词，表示很短的时间。"顷"的本义为头歪斜，泛指倾斜、偏侧，该义后来写作"倾"，《说文·匕部》："顷，头不正也。"段注："匕，头角而不正方，故头不正从匕曰顷。引伸为凡倾仄不正之偁。今则'倾'行而'顷'废。""顷"由"歪头"又引申为"短时间，不久"，由于"顷""倾"同源，常可相互通用。

【百衲衣—百纳衣】

（a）（白）不好了，这一回恐无再生之望了。不知我生身的如来佛，可能来救我么？（嫦娥扮如来尊佛披百衲衣上）[申报1910.02.04-27]

（b）好难看，红不红，绿不绿，紫蓝蒿青，真像一件百纳衣。[京话日报1906.04.24-1]

按：清末民初，"百衲衣"与"百纳衣"为异形词，指"补丁很多的衣服"。"纳"和"衲"为古今字关系，"纳"本义为丝吸水而湿，《说文·纟部》："纳，丝湿纳纳也。"假借作"内"字，表示收纳、交入、采纳等义，又引申为缝纳义，如汉·王充《论衡·程材》："刺绣之师，能缝帷裳；纳缕之工，不能织锦。"因为缝纳的是衣服，因此改从"衤"旁作"衲"，"衲"成为后起专用字，表示补缀、缝纳，"百衲"的"衲"便是此义，《广雅·释诂四》："缮、致、衲……补也。"王念孙疏证："衲者，《释言》云：'袂，纳也。'纳与衲通，亦作内，今俗语犹谓破布相连处为衲头。"

清末民初三音节异形词有动宾式结构，共计1例，如：

【煞风景—杀风景】

（a）当下那新郎的父亲傅松云见平空出了这个岔子，十分着急，嘴里连呼："煞风景，煞风景！"[申报1914.03.31-14]

（b）唉，看官们别说在下杀风景，故意把这四个字拉扯在一起，要知内中自有一段悲史。[小说画报1918（14）16]

按：清末民初，"煞风景—杀风景"为异形词，"煞风景"典出唐·李商隐《杂纂》中《煞风景》一目，列举看花泪下，苔上铺席，斫却杨柳、石笋系马、月下把火，清泉濯足，花上晒裈等，认为这些是当时大煞风景、让人扫兴的事儿。再如宋·楼钥《次韵沈使君怀浮图梅花》："毋庸高牙煞风景，为着佳句

127

增孤妍。""煞风景—杀风景"为动宾结构,"煞"和"杀"表示"损伤、杀伤"义。如《春秋·僖公三十三年》:"陨霜不杀草。"汉·陆贾《新语·明诫》:"十有二月李梅实,十月殒霜不煞菽,言寒暑之气失其节也。""煞"与"杀"同音同义,这也是"煞风景"与"杀风景"并存的原因。

清末民初三音节异形词有中补式结构,共计 8 例,其中,异形成分可以在中心语位置,如:

【搁不住—阁不住—格不住】

(a)搁不住老二会说,一会儿恭维,一会儿嘲笑,弄得大巧不能不答应他,当下约定了,尽正月半前归还,然后立了契据。[绣像小说 1905(44)1]

(b)高生道:"本地医生,只能医本地人的病,我们浙江人的身体柔弱,阁不住他用那些猛烈药品。"[绣像小说 1905(54)1]

(c)平常虽不扣兵饷,格不住别有开销,要跟他们讲讲警务章程,不知要腻烦的怎么样呢![京话日报 1906.01.07-1]

按:清末民初,"搁不住—阁不住—格不住"为异形词,表示"禁受不住,受不了"。"搁不住"最初为述补短语,由动词"搁"和补语"不住"构成,表示施事自主地、有意识地把受事放置固定在某位置而不止,其肯定形式为"搁得住",在联想机制作用下,"搁不住"语义逐渐虚化:与空间有关"放置某物不止"→与时间有关"不能存放,不能久存"→与心理活动有关"不够老练,沉不住气",再由此产生"禁受不住,受不了"义。"搁"最初写作"阁","阁/搁"写作"格"是方言中听音为字现象,付开平、匡鹏飞认为:"'搁'读音的复杂性可能是受方言影响而混合的结果。"[1]

异形成分也可以在补语部分,这类词语为 ABB 式结构,异形成分为 BB 部分,至于 BB 的性质,学者看法不同,朱德熙[2]、吕叔湘[3]等认为是叠音词缀,太田辰夫[4]认为是实义成词语素,马庆株[5]认为一部分是叠音词缀,一部分是实义成词语素。我们赞同前一种观点,叠音后缀 BB 作为后附成分,不再是构词语素了,其语法意义为"帮助 A 构成三音节的形容词"和"使 A 的表义更明确,尤其是意义未完全虚化的 BB,能从性状、程度、色彩等方面增强 A 表

---

[1] 付开平,匡鹏飞.论"搁不住"的词汇化与语法化[J].语言研究,2021(4):89-95.
[2] 朱德熙.语法讲义[M].北京:商务印书馆,1982:29.
[3] 吕叔湘.汉语语法论文集[C].北京:商务印书馆,1999:517.
[4] 太田辰夫著,蒋绍愚,徐昌华译.中国语历史文法[M].北京:北京大学出版社,1987:159.
[5] 马庆株.汉语语义语法范畴问题[M].北京:北京语言文化大学出版社,1998:167-169.

意的准确性"①，BB 的书写形式多样，正是这种现象的重要表现。如：

【羞答答—羞搭搭】

（a）不意约西军帽的边沿，轻轻摩着福黄的香颊，福黄羞答答说道："你怎的这等莽闯呢？"就避在一旁。[绣像小说 1905（46）82]

（b）最难得的是，绅商会议的时候，来了一个尼姑，羞搭搭的问道："像我这等人，也可以认股么？"[京话日报 1906.02.23-2]

按：清末民初，"羞答答"与"羞搭搭"为异形词，表示"害羞的样子"，"搭搭"与"答答"为形容词叠音后缀。"答"与"搭"读音相同，常相互换用。

【乱哄哄—乱閧閧—乱轰轰—乱烘烘】

（a）兀的不闷杀人也么哥，尚欲夺天功向秦淮渡口把威权招，乱哄哄闹一回，痴迷迷溷几朝。[竞业旬报 1908（26）17]

（b）安平轮船，到天津刚刚进口，正是上船下船乱閧閧的时候，听见有个中国人，大声喊叫救命。[京话日报 1904.12.01-2]

（c）姚观察本来不愿意到船上去，被他们这般一说，只得自己也踱上船来，看着他们在那里乱轰轰的开箱倒笼，嚷作一团。[申报 1910.06.29-26]

（d）义和团，李来中，用邪术，骗儿童，合眸吐沫四肢动，偏生刚协办误认作精忠，又碰着回回提督军门董，这乱子闹了一团茅草乱烘烘。[杭州白话报 1901（13）1]

按：清末民初，"乱哄哄—乱閧閧—乱轰轰—乱烘烘"这四种词形在并存并用，在此 ABB 结构中，BB 为叠音后缀，有多种异形形式，A 不仅可以为"乱"，还可以为"臭""闹""气""暖""怒"等。就其形成来看，为词根 A 与双音节重叠词 BB 组合而成，ABB 与 A 相比，语义有了明显增加，ABB 还有相对应的 BA 形式，如"閧乱""轰乱"，究其本字，蒋宗许认为："本字是'轰'，由指巨大声音而虚化成指程度大，因而可以与不同的词干结合……'烘''哄'都是记音字。"②现代汉语中，"閧"作为"哄"的异体字已被废除，"哄"形容许多人大笑声或喧哗声，是拟声语素。"轰"，形容打雷、放炮、爆炸等巨大声音，是拟声语素。"烘"形容火烧得很旺的声音，是拟声语素，"哄哄—轰轰—烘烘"同作为拟声语素，各有内涵，作为构词后缀，起到增强色彩的作用。

---

① 褚福侠. 元曲词缀研究 [M]. 青岛：中国海洋大学出版社，2014：161.

② 蒋宗许. 汉语词缀研究 [M]. 成都：巴蜀书社，2009：361.

【笑眯眯—笑迷迷】

（a）那船主虽欲不收，无奈实在心爱此物，跳舞着称谢一番，笑眯眯的去了。[绣像小说1904（27）5]

（b）只见女帝坐在龙榻上，那两只凤目，对着这张未成功的妙容，早已笑迷迷的，合成一条线了。[竞业旬报1908（33）34]

按：清末民初，"笑眯眯"与"笑迷迷"为异形词，其中"眯眯—迷迷"为叠音后缀，具有形象色彩，"眯"表示眼皮微微合拢的意思，与微笑的神态吻合，"迷"是记音字。

【笑嘻嘻—笑嬉嬉】

（a）王后见了，很喜欢，就笑嘻嘻的告诉国王，国王当时传旨，叫把小船放在一个积水池子里头。[绣像小说1905（57）51]

（b）后夹俗人见他模样儿笑嬉嬉的，又称他做和合人儿，可不料他这副尊容，到如今却被千人万人来描摹。[竞业旬报1908（28）19]

按：清末民初，"笑嘻嘻"与"笑嬉嬉"为异形词，"嘻嘻"与"嬉嬉"为叠音后缀，其中，"嘻嘻"可以表示欢笑貌，喜悦貌，如《易·家人》："妇子嘻嘻，终吝。"孔颖达疏："嘻嘻，喜笑之貌也。""嬉"为"嘻"的同音假借字，"嬉嬉"也可表示喜笑貌，如《易·家人》"妇子嘻嘻"，唐·陆德明《经典释文》卷二："嘻嘻，张作嬉嬉，陆作喜喜。"宋·柳永《抛球乐》词："是处丽质盈盈，巧笑嬉嬉，手簇秋千架。"

【白花花—白化化】

（a）这班烂息都是些穷光蛋出身，那里见过这样大包白花花的银子，一个个欢声雷动，高兴非常。[申报1909.01.11-20]

（b）别人都做别处的官，你为何做这处的官？地方上血淋淋的脂膏，白化化的银两。[竞业旬报1908（15）2]

按：清末民初，"白花花"与"白化化"为异形词，形容很白，雪白。"花花"形容白的程度，是象声词，又可以写作"白哗哗"，"花"写作"化"属于同音借用。

【雄赳赳—雄纠纠】

（a）村路之上，一个壮年男子雄赳赳、气昂昂的走来，肩上扛着一件行李，左手里提着一个大皮包，雨衣一件无处安放，却扣在皮包外面的皮带里边。[小说画报1917（8）30]

（b）如今拏眼前说，北京、天津、上海所有的外国人狠多，你看那些西洋人，没有不雄纠纠，气昂昂，英姿飒爽，挺立疾行的。[大公报

1903.10.13—3]

按：清末民初，"雄赳赳"与"雄纠纠"为异形词，表示"威武貌"，"赳赳"出现得很早，如《诗·周南·兔罝》："赳赳武夫，公侯干城。"毛传："赳赳，武貌。""纠纠"出现得较晚，在近代汉语中才产生，如元·无名氏《符金锭》第四折："十虎威名天下罕，英雄纠纠镇京华。"

【气汹汹—气凶凶】

（a）（柳叶儿）不由人气汹汹，目皆尽裂，焰腾腾忿火中烧，雄滔滔的，骂奴颜婢膝无人道。[中国白话报1904（13）47]

（b）荣豪再待开言，只见巡警气凶凶的走来，对荣豪举起鞭子骂道："你为什么不做工？若要偷懒，我这鞭子却可医治得。"[安徽俗话报1904（11）30]

按：清末民初，"气汹汹"与"气凶凶"为异形词，"汹汹"与"凶凶"为叠音后缀，都可以表示声势盛大或凶猛的样子。如《后汉书·李固传》："冀（梁冀）然其言，明日重会公卿，冀意气凶凶，而言辞激切。自胡广、赵戒以下，莫不慑惮之。"明·何景明《中州人物志》："梦阳遭江西之讼，众多媒孽其短，势汹汹欲挤陷重辟。"

清末民初三音节异形词有主谓式结构，共计1例，异形成分为动词性成分，如：

【鬼画符—鬼化符】

（a）然有一言敬告大总统曰："公而果有为国之心也，宜速显些英雄的真手段，万勿专效道士之鬼画符。"[大公报1912.11.22—5]

（b）计开一做强盗的，二放火害人的，三设坛立会假充神鬼化符念咒的，四窝藏着强盗匪类，五拿着兵器大伙贩卖私盐的。[北洋官报1907（1357）8]

按：清末民初，"鬼画符"与"鬼化符"为异形词，表示"哄骗人的东西或伎俩"，"画"有绘画、作图义，如《仪礼·乡射礼》："大夫布侯，画以虎豹。士布侯，画以鹿豕。""化"为"画"的同音借用字。

清末民初三音节异形词有附加式结构，共计5例①，异形成分出现在词根成分，如：

【劳什子—捞什子—牢什子】

（a）你们把我提来，这般屈辱，如今要除下我手脚上的这个劳什子，除非你们大老爷，亲自来除。[绣像小说1904（34）190]

（b）莲姑把这沈姓客所赠的一只金钢戒指给了母亲，说："你把这捞什子拿

---

① 以下仅列举4例，另有"玩意儿—顽意儿"一词，见于第四章《单向异形词》一节。

去了罢,这是你女儿一生破了贞操的纪念品……"[小说画报1919(19)16]

(c)门生为了这事,已跑了三天。人家都把来掷在地下道:"中国总为了这个牢什子,弱到这般地位,好容易废掉了……"[绣像小说1905(48)2]

按:清末民初,"劳什子—牢什子—牢什子"是异形词,表示"玩物,玩艺儿",多表示令人讨厌的东西。见于《申报》《绣像小说》《小说画报》等具有吴方言背景的白话报刊中,杨琳认为:"'劳什子'与'玩艺儿'词义和结构都相当,将'劳'理解为戏玩是十分贴切的。戏玩的东西一般不是珍贵的东西,所以多用于轻蔑的语气。但从理据可知,'劳什子'和'玩艺儿'一样是个中性词。"①"劳"有戏玩之义,甚至还可以同义连文,构成"劳戏"一词,有从本字理解的,缪启愉注云:"'劳'有过分、癖好之义,今浙江尚有此口语,为贬词。又《广雅·释诂二》:'劳,……嬾也。''劳戏'实际就是偷懒好嬉之意。"②有认为"劳"是借字的,董志翘、赵家栋认为"劳"是借字:"'劳'在《集韵》里有怜萧切一读,与'嫽'为同一小韵。……表示嬉戏义的'劳'当是'嫽'之借……'嫽'为'相戏'义,则'劳戏'为同义复词。"③杨琳认为借助通假疏通文意,前提是本字确实不通,他认为"劳"有懈怠义,其懈怠义是疲惫义的引申,懈怠则懒散戏玩,由此引申为游玩、玩耍义。④"劳什子"又写作"捞什子""牢什子"属于音近字代替。

【脖颈子—脖梗子】

(a)我姑母家,新近产生一个狸猫,通身黑色,惟独脖颈子上有白色毛一圈,极为好看,坚意要请我去。[大公报1903.08.25-2]

(b)望上一瞧,更好看了,披散着松松的辫根儿,故意歪着脖梗子,好叫那松辫根起个燕儿窝。[京话日报1905.06.28-1]

按:清末民初,"脖颈子—脖梗子"指人的颈项,脖子后部。《新华外来词词典》收录了"脖颈子""脖梗子""脖儿梗"三个词条,认为:"源自满语gen(颈),老北京话使用。汉语'脖儿'与引进的gen结合,以后进一步演变为'脖梗(/颈)子'。满语建州音gen近似geng,也有认为是汉语'脖颈'演变而成。"⑤"颈"古音接近geng,"梗""颈"上古音相同,都是见母更部字。

---

① 杨琳.“劳戏·劳什子·桦来唇·没兴”考释[J].汉语史研究集刊,2020(2):225-235.
② 缪启愉.齐民要术校释[M].北京:中国农业出版社,1998:424.
③ 董志翘,赵家栋.中古汉语词义探索(二则)[J].江苏大学学报,2011(3):41-45.
④ 杨琳.“劳戏·劳什子·桦来唇·没兴”考释[J].汉语史研究集刊,2020(2):225-235.
⑤ 史有为.新华外来词词典[Z].北京:商务印书馆,2019:181.

第三章 清末民初多音节异形词汇考

【叫花子—叫化子】

(a) 够办学堂的,就办学堂,专讲究各门的商务,游手好闲的子弟,只要容的下,都可收留如此办上几年,叫花子必定就少了。[京话日报 1905.05.07-2]

(b) 拿获白狼的侦探很多,此项匪徒,都用绿色辫带作暗号,有扮作小贩的,也有扮作叫化子的。[京话日报 1914.03.03-3]

按:清末民初,"叫花子"与"叫化子"为异形词,表示乞丐。是在"叫化"基础上加后缀"子"构成,据席嘉考察,"叫化"是在佛教文化语境中由"教化"表示说教劝化的意思演化而来。佛教"教化"表示"接受供养"义,这个义项逐渐向主动请求施舍引申,最终由佛家用语演变为俗家语①,在元代以后"教化"写作"叫化"。而"莲花落"这一宋元以来行乞专用小曲,则推动了"叫化"向"叫花"的转变。②

【脚趾头—脚指头】

(a) 洋兵衣帽整齐,格外有精神,再看巡警,两只靴子,破的无处再破,真有露出脚趾头来的,这分儿难看,实在不能说了。[京话日报 1906.09.28-5]

(b) 包脚的时候,是把脚指头包到脚底下去,所以左脚是顺绕的,右脚是反绕的。现在是要把他包回原来,定要左脚反绕,右脚顺绕。[安徽俗话报 1905(19)2]

按:清末民初,"脚趾头"与"脚指头"为异形词。"止"是"趾"的初文,甲骨文作"⾜",是象形字,象脚之形。《说文·止部》:"下基也。象艹木出有址,故以止为足。"段注:"止为人足之称,许书无趾字,止即趾也。""趾"在先秦并无脚趾义,而是指足、脚。在先秦两汉,无论"脚趾""手指",一般均可以用"指"表示,"指"用作脚趾,有很多例证,如《左传·定公十四年》:"灵姑浮以戈击阖庐,阖庐伤将指,取其一屦。"杜预注:"其足大指见斩,遂失屦,姑浮取之。"后来"趾"由"脚"引申为"脚趾"义,甚至在"脚趾"这个意义上逐渐取代了"指"。卜师霞、凌丽君称这种现象为"语素类化"③。在"脚趾头—脚指头"中,"趾""指"意义相同,均为脚趾义。

---

① 席嘉.“叫化”考源[J].重庆大学学报(社会科学版),2005(6):70-73.

② 汪祎.也谈叫花[A].中国训诂学研究会2010年学术年会论文摘要集[C].福建:福建省语言学会,2010.11.1.

③ 卜师霞,凌丽君.汉语词汇系统发展中的语素类化[J].民俗典籍文字研究,2014(2):139-148.

第二节 四音节异形词

清末民初白话报刊中，四音节异形词共计23例，其结构类型比较复杂，我们一一进行分析。

清末民初四音节异形词可以是音译词，共1例，四个音节代表一个语素，异形成分只起记音作用，如：

【澳大利亚—奥大利亚】

（a）他在澳大利亚曾经开过金矿，到阿非利加，曾经采过金刚钻，羁留东印度之时，曾充那政府的枪兵。[绣像小说1906（68）1]

（b）问：第一等是什么？答：第一等是帝统的君民共主国，如同英吉利、德意志、日本、奥大利亚合匈牙利……[杭州白话报1901（16）31]

按：清末民初，"澳大利亚—奥大利亚"为异形词，它们是国家名，均是音译词。英文为Australia，"澳"与"奥"是"au"的同音转写，二者为同音字，可相互替代。

清末民初四音节异形词有并列式结构，共计8例[①]，异形成分主要在修饰语部分，如：

【惩一儆百—惩一警百】

（a）官面上若是重重的办他一下子，也是惩一儆百，除暴安良的事。[京话日报1916.02.17-3]

（b）安儒勃然道："别的事都可以将就，这本报是不能还他的，我要惩一警百哩。"[绣像小说1905（65）3]

按：清末民初，"惩一儆百"与"惩一警百"为异形词，表示"惩罚一人以警戒众人"义。"儆""警"在《说文》中所释意义相同。《说文·人部》："儆，戒也。从人，敬声。"《说文·言部》："警，戒也。从言，从敬，敬亦声。""儆"和"警"同源，均为"敬"的后起分化字，二者是使动关系。王力："'惊'是马惊，引申为警觉。'警'是警戒，'儆'是使知所警戒，都和惊义相近。"[②]

[①] 以下仅列举7例，另有"无精打采—无精打彩"见于第四章《双向异形词》一节。

[②] 王力. 同源字典[Z]. 北京：商务印书馆，1982：3.

【返老还童—反老还童】

（a）村儿曰："然则客之学尚未博也，仙家有返老还童之丹，医家有脱白变乌之方，客乌得言无。"[绣像小说1905（49）2]

（b）我们现在只要真个肯醒，真个肯抖擞精神，同时机战，同光阴争，立足志向，择定方针，反老还童，转弱为强。[竞业旬报1908（15）10]

按：清末民初，"返老还童"与"反老还童"为异形词，表示由老年回到少年；由衰老恢复青春。《说文·又部》："反，覆也。"指翻转，又引申为回还，此义后来写作"返"。

【斑驳陆离—斑剥陆离】

（a）他心目之中茉莉儿就是一鹿，周身斑驳陆离，煞是可爱，定要用狮子搏兔的全力生擒活捉回来，养在家园里面朝夕赏玩。[申报1915.09.08-14]

（b）绅士正在二十四分得意的时候，被约翰一席话，说得意兴全无。果然自己低下头去，看看身上的衣服，觉得斑剥陆离的，就像个几千年的古铜器具一般，委实不成个模样。[申报1907.10.09-18]

按：清末民初，"斑驳陆离"与"斑剥陆离"为异形词，表示"色彩斑斓绚丽貌"，"斑驳"与"陆离"同义连用，均有光彩绚丽义，如《淮南子·本经训》："五采争胜，流漫陆离。"高诱注："陆离，美好貌。"南朝梁·江淹《青苔赋》："遂能崎屈上生，斑驳下布。"胡之骥注："《初学记》曰：苔名圆藓，一名绿钱。或青或紫，故曰斑驳。""剥"与"驳"字音不同，但"斑剥陆离"与"斑驳陆离"词音相同，"驳"写作"剥"属于音近借用。

【好高骛远—好高务远】

（a）九畴道："讲学怎么不是好事，不过要讲实学，不可徒托空言，并且不可好高骛远，讲出来总要人家做得到才有益呢。"[新小说1905（97）13]

（b）中国的士子，不是死读陈言便是空讲用笔，再不然就是好高务远。[第一晋话报1906（6）7]

按：清末民初，"好高骛远"与"好高务远"为异形词，比喻不切实际地追求过高过远的目标。语出《宋史·道学传一·程颢》："病学者厌卑近而骛高远，卒无成焉。"《说文·马部》："骛，乱驰也。"引申指努力追求，如《楚辞·九辩》："棄精气之抟抟兮，骛诸神之湛湛。"王逸注："追逐羣灵之遗风也。"《说文·力部》："务，趣也。"段注："趣者，疾走也。务者，言其促疾于事也。""务"也有一定的理据。

【纷至沓来—纷至逥来】

（a）比如各行省的人。来招股的。募捐的。虽是纷至沓来。无不极形踊

跃。[竞业旬报 1909（38）41]

（b）开办之初，必先建立码头，驻泊轮船，以资转运……从此纷至遝来，数千里长江天险，尽为他人所有矣。[安徽俗话报 1904（9）4]

按：清末民初，"纷至沓来"与"纷至遝来"为异形词，表示连续不断纷杂而来。"沓"的本义为话多，《说文·曰部》："沓，语多沓沓也。"引申为重复、纷乱，如汉·枚乘《七发》："壁迭重坚，沓杂似军行。""遝"是"沓"的同音假借字。

【五劳七伤—五痨七伤】

（a）先天不足，破身太早，年老精衰，腰腿疼痛，心忙心跳，不思饮食，精神亏耗，五劳七伤。[京话日报 1918.01.12-5]

（b）蚕子发这种的颜色，就可见得他藏放的不好，受的气候，冷暖不齐，若果把他买来，将来出世，都是五痨七伤的病蚕，累你亏本，是不客气的了。[安徽俗话报 1904（10）19]

按：清末民初，"五劳七伤"与"五痨七伤"为异形词，指"各种疾病和致病因素"。"五劳"和"七伤"都是中医学术语，至于"五劳"和"七伤"具体所指，各学者说法不一，"五劳"，有的认为是"志劳、思劳、心劳、忧劳和疲劳"，有的认为是"久视、久卧、久坐、久立、久行"五种过劳致病因素。"七伤"，有的认为是"伤脾、伤肝、伤肾、伤肺、伤心、伤形、伤志"，有的认为是"食伤、忧伤、饮伤、房屋伤、饥伤、劳伤、经络荣卫气伤"。"五劳"是导致过劳的疾病，由于汉字历来有"以形示意"习惯，有时加"疒"作"痨"。

【直截了当—直捷了当】

（a）与其你慢慢的饿死，莫若我拿枪把你打死，倒显着直截了当。[京话日报 1914.03.08-1]

（b）故不如改由本国公使出名办理，较私营为直捷了当。[申报 1912.04.02-2]

按：清末民初，"直截了当—直捷了当"为异形词，表示"做事不绕弯子，干脆爽快"，"直截了当"为并列式结构，"了当"表示径直、干脆，如元·谷子敬《城南柳》第一折："等老杨上楼来，把他迷杀了，却不是了当？""直截"与"直捷"均有径直、干脆义，如《朱子语类》卷四："恐孟子见得人性同处，自是分晓直截，却于这些子未甚察。"《初刻拍案惊奇》卷三十："天理自然果报，人多猜不出来，报的更为直捷，事儿更为奇幻。"

清末民初四音节异形词中，偏正式多音节异形词共计 3 例，其中，定中结构 1 例，状中结构 2 例，异形成分多为修饰语成分，如：

【一股脑儿——古脑儿——箍脑儿】

（a）还有许多珍宝，什么琥珀、玛瑙、犀角、象牙，一股脑儿把他载之后车，送回本国。[绣像小说 1903（1）2]

（b）记得庚子这年以前，北方的官儿和了百姓，一个个恨着洋人，咬牙切齿，巴不得一古脑儿杀得干净。[杭州白话报 1902 第二卷（27）1]

（c）他以为吹法螺的机会又致了，……夹真带假三小子倒夜壶似的尽着一品气一箍脑儿说了出来。[小说画报 1917（4）45]

按：清末民初，"一股脑儿——古脑儿——箍脑儿"为异形词，表示"全部、通通"，考其语源，他山石结合四川南充方言，认为"一古/股脑儿"当是"一轱辘儿"的音转，一轱辘儿是借代用法，表示独轮车，从前穷人逃荒逃难，每以独轮车载物，全部家当都在一独轮车上，故"一轱辘儿"可引申为"全部、通通"。①

【惨淡经营—惨澹经营】

（a）如今大功将近告成，忽要李掉头走出，把数年来惨淡经营的成绩从根本上打消。[申报 1915.11.24-14]

（b）这篇东西是小弟出世以来第一篇惨澹经营之作，足足的做了两天一晚的工夫，方才完篇。[小说画报 1918（15）118]

按：清末民初，"惨淡经营"与"惨澹经营"为异形词，原指"作画前先用浅淡颜色勾勒轮廓，苦心构思，经营位置"，后引申指"苦心谋划并从事某项事情"。"淡"本义为味不浓，《说文·水部》："淡，薄也。"引申指"颜色浅，素净"，又引申指"冷漠、冷清"。"澹"是"淡"的借字。《说文·水部》："澹，澹澹，水繇貌。"段注："俗借为淡泊字。"

【窃窃私语—切切私语】

（a）两人方才在议院前厅之内看见逵而登等四个人聚在一块儿窃窃私语。[申报 1915.07.14-14]

（b）饮至半酣，翠娥拉了慕蠡，切切私语，是要留他住下的意思，慕蠡不肯。[绣像小说 1905（46）1]

按："窃窃私语—切切私语"中，"窃窃—切切"用来形容私语的方式，"窃窃"表示"切切"是象声词，形容声音轻细，"窃窃"表示背地里，暗中，一般暗中讲话时，声音都很轻细，汪柏田认为："'窃窃'是私语的样子，'切

---

① 他山石. "古脑"或为"轱辘"[J]. 文史杂志，2022（2）：69.

切'是形容私语的声音,在含义上实际有所差异"①。在"XX 私语"中,"窃窃一切切"不能区别其意义,理据义差别在词义中未得以凸显。

清末民初四音节异形词中,动宾式多音节异形词共计 2 例,异形成分是动词性成分,如:

【莫名其妙—莫明其妙】

(a)这时候阿根的妻子坐在旁边,听得莫名其妙,兀想:阿根从来没同我说过他有阿弟的,怎么现在生出一个这么大的阿弟呢?[小说画报 1918(14)53]

(b)乃昨日午正,各巷商铺忽群将国旗摘下,一律闭门,询其为何,茫然不知,复询守望,巡警亦莫明其妙。[申报 1912.03.19-2]

按:清末民初,"莫名其妙—莫明其妙"为异形词,表示"事情很奇怪,使人不明白,说不出道理来"之义,其中,"名"表示"说出"义,而"明"表示"明白"义,当它们分别进入"莫 X 其妙"词语结构中,其语义是完全相同的。

【不计其数—不记其数】

(a)那四万人的财产房屋,都被俄人夺去,弄得投生无路,内中饿死的,冻死的,中炮死的,受伤的,病的不计其数,你道可怜不可怜?[中国白话报 1904(5)46]

(b)问:地球上共有几岛?答:不记其数,也有数十个岛,连在一处的,如南洋各岛便是。[杭州白话报 1901(2)4]

按:清末民初,"不计其数"与"不记其数"为异形词,表示无法计算数目,形容很多。"不计其数"见于宋代,如宋·周密《癸辛杂识别集·襄阳始末》:"火炮、药箭射死北兵及坠水者,不计其数。""记"是"计"的同音假借字。

清末民初四音节异形词中,中补式多音节异形词共计 2 例,异形成分多为中心语成分,如:

【暗无天日—黯无天日—闇无天日】

(a)我国大小衙门的牢狱,暗无天日,种种惨毒,犯人所得的罪,都以为应当如此,其实在外国人看着,简直是没有人理。[京话日报 1906.04.23-3]

(b)直到俺师铁锁郎当,下在黯无天日的朦胧监里,才能把晤一番,吐露着一腔的热血。[绣像小说 1905(53)26]

(c)抚藩皋都赞单牧干练,至于那些滥刑毙命的话,只当是亳州百姓,应

---

① 汪柏田主编.解析辨考成语教学词典[Z].北京:中国国际广播出版社,1990:343.

该如此的死法一样，可谓闇无天日。[绣像小说1905（47）3]

按：清末民初，"暗无天日—黯无天日—闇无天日"为异形词，"黯"本义指深黑色，引申指昏暗、无光泽，"暗"的本义为光线不足，不明亮。在昏暗无光泽义上"暗"与"黯"是相通的。"闇"的本义为闭门，《说文·门部》："闇，闭门也。"闭门则遮蔽、昏黑，因此，"闇"有晦暗、不亮之义。如《吕氏春秋·期贤》："明火不独在乎火，在于闇。"高诱注："闇冥无所见，火乃光耳。故曰'在于闇'也。"

【走投无路—走头无路】

（a）现在中城也下令驱逐，把各客栈里住的妓女，又都赶出，十八九两日，各班纷纷逃避，大有走投无路光景。[京话日报1904.11.28-2]

（b）社会上许多热心人，管理善堂的，必曰走头无路，经理学堂的，又曰走头无路，办理各种实业的，又曰走头无路，不以脚走，而以头走。[申报1908.07.19-20]

按：清末民初，"走投无路"与"走头无路"为异形词，表示无路可走。比喻陷入绝境，没有出路。本当作"走投无路"，"走"表示奔走，"投"表示投奔，"走""投"近义连用，"头"为"投"的同音借字。

清末民初四音节异形词中，主谓式多音节异形词共计3例，异形成分可以是名词性成分，也可以是谓词性成分，如：

【逃之夭夭—桃之夭夭】

（a）那晓得广乙的管带见势子不好，趁着忙乱的时候传令把船开放出口，便一溜烟逃之夭夭的走了。[杭州白话报1902第二卷（7）13]

（b）那刺客事机不密，走漏了风声，便是三十六着走为上着，早已是桃之夭夭了。[绣像小说1906（72）2]

按：清末民初，"逃之夭夭"与"桃之夭夭"为异形词，表示"逃得无影无踪"。《诗·周南·桃夭》："桃之夭夭，灼灼其华。""夭夭"表示美盛貌。因"逃"与"桃"同音，人们用"逃之夭夭"表示逃跑，是逃跑的诙谐说法[1]。在该词中，"夭夭"已经没有意义了，清末民初，"桃之夭夭"也有逃跑义，与"逃之夭夭"形成异形词，显然是听音为字现象。

【眼花缭乱—眼花撩乱】

（a）你想这样的美人儿岂不是人间寡有，世上无双么？我一见之下岂但是眼花缭乱口难言，简直把魂灵儿飞去半天了。[申报1915.02.01-13]

---

[1] 王朋，钟鸣. 通用成语词典[Z]. 长沙：湖南出版社，2000：643.

（b）你看我有多么可怜，好些日子没找着什么吃的了，饿的我眼花撩乱，大有寸步难行的光景。[大公报1912.06.18-6]

按：清末民初，"眼花缭乱"与"眼花撩乱"为异形词，"撩"有缠绕、纷乱义，如唐·韦应物《答重阳》诗："坐使惊霜鬓，撩乱已如蓬。""撩"是"缭"的同音假借字。

【信口开河—信口开合】

（a）总而言之罢，把全国上下各自为心，换成万众一心，到那时候国要不强，民要不富，请你们诸位前来剜我这信口开河的气迷心。[大公报1913.11.27-6]

（b）徐大令要的价，信口开合，此等行为，好像市井无赖，你说怎么好。[京话日报1906.05.27-4]

按：清末民初，"信口开河"与"信口开合"为异形词，本作"信口开合"，是元代的口语，以嘴巴之任意开合，喻不假思索，随便乱说。语见元·关汉卿《鲁斋郎》四折："你休只管信口开合，絮絮聒聒。俺张孔目怎还肯缘木求鱼。"后多作"信口开河"。"合"写作"河"属于同音借用。

清末民初白话报刊中，重叠式多音节异形词共计4例，如：

【轰轰烈烈—烘烘烈烈】

（a）从此大家保全这个学校，着实用功，将来能够得些学问，学着法国的罗兰夫人，帮助国民做出轰轰烈烈的大事体。[中国白话报1904（5）57]

（b）我原不想做官，只求一块干净土，创些事业，烘烘烈烈做他一回，亦就心满意足了。[绣像小说1905（50）4]

按：清末民初，"轰轰烈烈"与"烘烘烈烈"为异形词，表示气势浩大而壮烈。"烈烈"表示功业、德行显赫貌，《汉书·韦贤传》："明明天子，俊德烈烈。""轰轰"为象声词，表示大声连续作响。"烘烘"有火盛貌，二者各有理据。"轰轰烈烈"见于近代汉语中，如元·尚仲贤《气英布》第二折："从今后收拾了喧喧嚷嚷略地攻城，毕罢了轰轰烈烈夺利争名。""烘烘烈烈"见于清末民初，与"轰轰烈烈"为异形词。

【原原本本—元元本本】

（a）我认识的恰叫做何勿用，便把去年腊月，何勿用在家里开会议事的原原本本，说了一遍。[杭州白话报1903（6）25]

（b）差官便抢上一步，把这事情，元元本本，详陈一遍。[绣像小说1903（12）64]

按：清末民初，"原原本本"与"元元本本"为异形词，表示从头到尾（叙述），"元"的本义为人头，《说文·一部》："元，始也。从一，从兀。"引申为第一，居首位的。"原"的本义为水泉之本，引申指事物的开始，二者各有理据。

【伏伏帖帖—伏伏贴贴—服服帖帖—服服贴贴】

（a）这些考先生，再懦弱不过的，看见了外国人，竟是伏伏帖帖，照数拿出。[绣像小说1904（30）2]

（b）两个人言来语去，目送眉迎，只把个吕观察拴得结结实实，伏伏贴贴的，一毫也施展不来。[申报1910.03.22-27]

（c）将药送到少年的口边，那少年果然服服帖帖的咕哆咕哆吃了下去，顿时眼睛也睁开了，神致也清爽了。[申报1914.07.25-14]

（d）今年你来做皇帝，他也服服贴贴的，明年他来做皇帝，他也服服贴贴的，不管是人是狗，他都肯服事的。[竞业旬报1908（36）4]

按：清末民初，"伏伏帖帖—伏伏贴贴—服服帖帖—服服贴贴"为异形词，表示心甘情愿，顺从。"伏"的本义为犬趴伏伺机袭击人，《说文·人部》："伏，司（伺）也。"又泛指趴伏，俯伏。由趴伏义引申为屈服，归顺。"服"的本义为用事、从事，《说文·舟部》："服，用也。从舟，艮声。"因从"艮"得声，也承担了"艮"的意义，故又表示制服，慑服义，进而引申为顺从，屈服。"伏"与"服"引申义是相通的，因此可以相互通用。"帖"有粘、帖义，如《乐府诗集·横吹曲辞五·〈木兰诗〉之一》："当窗理云鬓，挂镜帖花黄。"引申指安定、帖服。《字汇补》："帖，服也。""贴"的本义为典押、典当。《说文·贝部》："贴，以物为质也。"又指粘、黏附，如《正字通·贝部》："贴，黏置也。"引申指为安稳、安定。如宋·袁文《瓮牖闲评》卷八："工未毕，而臂疾顿除，安贴如平时。""贴"与"帖"在"安定、帖服"义上也是相通的，故可以相互混用。

【马马虎虎—马马糊糊—麻麻胡胡】

（a）人马马虎虎的还好，若是顶真的，耳目来得紧，淘气淘得多，这就又要联群结党，彼此勾串。[新小说1905（9）294]

（b）他内兄又马马糊糊的替他付了五块洋钱，究竟要付多少，连他内兄还不晓得。[绣像小说1904（18）93]

（c）却又为着那种奇离古怪的文章，奇离古怪的字眼，不要说各位兄弟们不懂，就是我们，却也觉得麻麻胡胡哩。[中国白话报1903（1）2]

按：清末民初，"马马虎虎—马马糊糊—麻麻胡胡"等诸词形是"马虎"等诸词的重叠形式，表示"草率，疏忽大意"，"马虎"为记音词，表示草率，

141

疏忽大意。吴庆锋认为"麻胡"等多指抽象而难以名状的怪物，故由此引申则有"模糊"义，语之转而为"马虎"。[1] 徐时仪认为"马虎"的语源似与指"难以名状的邪戾怪物"义的"邪忤"一词有关，"邪忤"一词可能源自记录人们见到不可名状的怪物时发出的惊叫声，或者是记录人们驱除怪物时发出的恐吓怪物的声音。"邪忤、麻胡"等所指多为抽象而难以名状的怪物，故引申出"模糊"义，又可隐实示虚趣写作"马虎"。[2]

---

[1] 吴庆锋."麻胡"讨源[J].山东师范大学学报，1983（3）：87-91.
[2] 徐时仪."马虎"探源[J].中国语文，2005（3）：35-39.

第四章　清末民初系列异形词汇考

异形词在词汇系统中不是孤立的、零散的，有些异形词的异形语素可以统辖两个或两个以上的异形词，这些异形词具有一定的系列性，我们称之为系列异形词。换言之，系列异形词是以两个或两个以上以异形语素为核心构成的同语素词语族[①]的聚合，其中异形语素为常量，与之构词的其他语素为变量。系列异形词反映了不同异形词的共同特征，它可以帮助我们了解异形词的产生方式，寻求异形词的共性规律，是我们研究异形词的另一个视角。清末民初存在大量的系列异形词，我们以清末民初百种白话报刊为研究语料，对清末民初系列异形词展开研究。在清末民初，由于异形语素语义关系的不对称性，导致异形词在语用实践中具有明显的方向性，它们有的是单向的，有的是双向的，前者称之为单向异形词，后者称之为双向异形词。

第一节　单向异形词

单向异形词指异形语素 a 可以用作异形语素 b，而异形语素 b 不可以用作异形语素 a，其语义关系是单向的，不可逆的。清末民初有很多单向异形词，如：

1. 躁／燥：暴躁—暴燥、烦躁—烦燥、焦躁—焦燥

（1a）店中人见了钟馗这种打扮，都在纳罕，又见他性子暴躁，不敢怠慢，忙上前来替他量身材。[申报 1912.06.20-10]

（1b）就是小孩子性情暴燥，也当替他说个理情，教他想想，将来那怂怒性也自可以消除了。[安徽俗话报 1904（15）18]

（2a）（帮武生白）公主不用烦躁，卑某今去县衙，当有以报命了。[中国白话报 1904（8）54]

（2b）再行告诉子爵："我现在心神烦燥极了，说话恐没有头绪，容我静座

[①] 刘叔新. 汉语描写词汇学[M]. 北京：商务印书馆，2005：387.

细想一遍，把前尘影事稍稍编出一个统系来。"[申报 1915.10.25-14]

（3a）谁知这位大王，他是在水里要乐惯了的，现在来到庙里，先被盒子一闷，又被香烟一熏，不由而由就焦躁起来。[安徽白话报 1909（1）24]

（3b）四人既然挤不下去，如何看得清楚？正在焦燥的时候，忽听见外面一片吵嚷，打起架来。[绣像小说 1904（35）1]

按：清末民初，以异形语素"躁—燥"为共同语素可以构成一系列异形词，表示"急躁、浮躁"义。"趮"篆文从走，喿声。俗作"躁"，《说文·走部》："趮，疾也。"本义为动作急疾，引申为性情急躁。"燥"的本义为干燥，《说文·火部》："燥，干也。"也指使之干燥，喻指焦急、焦躁，在暴躁义上，"燥"与"躁"相通。

2. 复／覆：反复—反覆、答复—答覆、禀复—禀覆

（1a）并不是我认定了迂腐之谈，与众位较短争长，斗这个闲气，请众位虚心下气，反复的想一想，谁是谁非，何短何长？[大公报 1904.03.01-3]

（1b）另外什么有益的事，也必是一椿椿一件件的反覆解说，使他了然于心，没有一毫疑义而后已。[绣像小说 1904（29）2]

（2a）我今请问贵委员究尚有何种正当理由，务请明明白白一一答复。[申报 1912.08.29-2]

（2b）所以法国政府，极愿派兵替中国代平乱事，并没有别的意见，外务部已答覆他，自己会得平乱，不必费法国的心。[中国白话报 1904（20）55]

（3a）现在该道尚未禀复，一切尚难悬断。[安徽白话报 1908（1）5]

（3b）本是一个青天明镜的，照外面看起来，绝不得受他运动，倘若要受他运动，再顺住那张虎，禀覆些假话。[安徽白话报 1909（2）11]

按：清末民初，以异形语素"复—覆"为共同语素可以构成一系列异形词，表示"重复、反复"义。"复"的本义为还，返回。《说文·彳部》："复，往来也。"段注："《辵部》曰'返，还也'，'还，复也'，皆训往而仍来。""覆"的本义为翻倒、翻转。《说文·襾部》："覆，覂也。"段注："反也。覆、覂、反三字双声。又部'反'下曰：'覆也。'反复者，倒易其上下……覆与复义相通，复者，往来也。"表"重复"义，当作"反复"，"覆"为"复"假借字。

3. 弯／湾：弯曲—湾曲、臂弯—臂湾、弯儿—湾儿

（1a）列位但看我们读书的人，十有七人大都眼睛近视的，肩背弯曲的，脸上的颜色黄瘦青白，走步路也斯斯文文，赶人不上。[杭州白话报 1902 第二卷（4）7]

（1b）江苏宁沪铁路，轨道平直，既无长大桥梁，又没湾曲山路。[京话

第四章 清末民初系列异形词汇考

日报 1905.11.18-2]

（2a）他朋友縢达屈身坐在其中，臂弯撑在膝上，用手掌摩平头发。[申报 1915.06.29-14]

（2b）我看这牧童满头短发，穿件短衣，掩不了两条臂湾，面色虽黑，倒很有神气。[绣像小说 1905（50）4]

（3a）诸君可知道吗，由西湖到茅家埠地方，拐弯儿进去，一叫雾隐，一叫天竺。[杭州白话报 1902 第二卷（2）1]

（3b）说罢便换了衣服，坐车直奔天禄堂，在柜上问明白了户部刘宅定的第六座，一直从堂里走进去，拐个湾儿就是了。[绣像小说 1905（41）1]

按：清末民初，以异形语素"弯—湾"为共同语素可以构成一系列异形词，表示"弯曲"义。"弯"的本义为开弓，《说文·弓部》："弯，持弓关矢也。"因为开弓会使弓变得弯曲，因此引申为弯曲、使弯曲，由弯曲义又引申为水湾，水湾的意义另造新字"湾"表示，增加义符"水"，可以提示其意义范畴。由于"弯"与"湾"同源，清末民初"湾"可以用作"弯"，表示弯曲义。

4. 沉/沈：沉没—沈没、沉思—沈思、沉沉—沈沈

（1a）俄国战斗舰色伐斯拖波号于午后驶出港外，误触水雷，半已沉没，后由小轮船曳他入海。[中国白话报 1904（20）58]

（1b）那小船便随浪飘去，霎时间，又起一浪，如高山一般，望小船打来。小船支持不住，登时沈没。[绣像小说 1903（5）1]

（2a）我当要钩子时。本要将战船夺过来。但是无法可依钩到他们的船上。沉思良久。心生一计。[绣像小说 1903（10）1]

（2b）这一席不讲情理的话儿，把个褚观察说得林林木木的，回答不出什么来，只得一个人走到内书房里头坐下，低头不语，默默沈思。[申报 1910.04.17-26]

（3a）冬天的下半夜四点钟的时候，人人都是裹着厚棉被暖暖的睡觉，连树林的鸟也把头放在翅膀内，沉沉的睡在窠里。[大公报 1919.11.15-11]

（3b）料想他一定没有不肯的，想着，心上十分得意，不知不觉的沈沈睡去，直睡到十下钟。[申报 1910.06.24-26]

按：清末民初，以异形语素"沉—沈"为共同语素可以构成一系列异形词，表示"下沉"义。可以说是"沉"与"沈"是全方位通用的，凡可以用"沉"的地方均可写作"沈"，除上文所举三例外，另有"浮沉—浮沈、淹沉—淹沈、沉冤—沈冤、沉香—沈香、沉迷—沈迷、沉溺—沈溺、沉浸—沈浸、沉

145

沦—沈沦、沉疴—沈疴、沉重—沈重、消沉—消沈、销沉—销沈、沉埋—沈埋、沉默—沈默、沉酣—沈酣、沉睡—沈睡、沉痛—沈痛、沉醉—沈醉、深沉—深沈、沉滞—沈滞、沉吟—沈吟、沉静—沈静、沉郁—沈郁、沉着—沈着、沉毅—沈毅、沉挚—沈挚、昏沉—昏沈"等。"沉"是"沈"的俗体，《玉篇·水部》："沉，同沈。""沉"甲骨文作"![]" "![]"，像把一头牛丢进河里，本是古代祭祀水神的仪式。金文用从水尤声的"沉"来表示。如《周礼·春官》："以狸沈祭山林川泽。"后来引申为沉没等义。汉隶或作"沉"，字形作"![]"，与"沈"形体相近，是"沈"的讹俗字。用作偏旁时，由于"尤"和"冘"形体相近，古代常常以"冘"替代"尤"构成俗体字。如"统—![]"、霓—![]、枕—![]、默—![]、忱—![]、酖—![]、妩—![]、顽—![]"，清末民初，"沈—沉"共存共享，使用十分广泛，如今"沉"和"沈"有了明确的分工，"沉"承担了"沈"的意义，而"沈"则专用于姓氏和地名，读作"shěn"。

5. 玩/顽：玩耍—顽耍、玩笑—顽笑、玩意儿—顽意儿

（1a）原来那位天启皇帝，生性最爱玩耍，一切雕刻采画的玩艺，没有一样儿不能。[京话日报1906.02.16-2]

（1b）不上十日，已到济南，早就听得济南府有七十二泉、千佛山、大明湖许多名胜，有意顽耍几天。[绣像小说1905（41）4]

（2a）春天京城里闹过一回，如今又跑到天津去闹，彷佛是怨恨老学究，有意的开玩笑，如此办法，太不合理。[京话日报1905.06.02-3]

（2b）吴明笑道："老魁，不用同人家闹顽笑罢，别人有别人的心事，你还赶在这里打趣他。"[大公报1918.08.05-11]

（3a）欧美人的公园比中国的工程还要大，虽然是些玩意儿总不是为一个人做乐。[京话日报1905.11.28-6]

（3b）这里不磨与金利两个少年主仆，都是初次，上山东陆路，不但不觉其苦，这里望望，那里看看，到好像这一路情景，都做了他们的顽意儿。[绣像小说1903（8）2]

按：清末民初，以异形语素"玩—顽"为共同语素可以构成一系列异形词，表示"玩耍"义。"玩"的本义为玩弄，《说文·玉部》："玩，弄也。"也表示玩耍，如《红楼梦》第三十九回："贾母又命拿些钱给他，叫小幺儿们带他外头玩去。""玩耍"为同义复词。"顽"的本义为难劈开的木头疙瘩，如《说文·页部》："顽，㮯头也。"段注："凡物混沌未破者皆得曰㮯。凡物之头浑全者皆曰㮯头。……析者锐，㮯者钝，故以为愚鲁之称。""顽"为"玩"的同音假借字。

6. 分 / 份：身分—身份、非分—非份、职分—职份

（1a）列位啊，做人顶要紧的是身分啊，没有身分的人是顶不体面啊，你看那做官的岂不是顶有身分吗，做财主的岂不是顶有身分吗？[中国白话报1903（1）1]

（1b）把女学堂的名誉，造的轰轰烈烈的，万不可沾染那些恶习气，把自己的身份弄小了，给人家看不起。[安徽白话报1909（6）5-6]

（2a）所算计的是循例遵章，几时可以得差，几时可以轮委，几时可以酌委，到也不作非分之想。[安徽白话报1909（4）4]

（2b）至于贫穷困苦的人，正可趁此百度更新的时候，谋干一功一业，做个自立的根基，银钱财帛，都是有一定的，不能非份营求。[京话日报1904.11.06-1]

（3a）想来想去，一筹莫展，我只得逃往乡间，种田课子，以尽吾一人的职分罢了。[绣像小说1903（6）2]

（3b）恰好他的旧洋东来京，见他得了官，便问是什么职份，他老实就是个知府。[京话日报1904.10.25-2]

按：清末民初，以异形语素"分—份"为共同语素可以构成一系列异形词，表示"规定给人的本分、职分、位分"义。"分"的本义为"分割、分开"，《说文·八部》："分，别也。"用作名词，表示"分出的部分、分支"。又引申为"规定给每个人的本分、职分、名分"。"份"本是"彬"的古字，表示文采和实质兼备。《说文·人部》："文质备也。从人，分声。《论语》曰：'文质份份。'""份"的这个意义由于后来被"彬"代替，在汉语中几乎无人使用，相当于一个"死字"，李恩江指出："像演员改扮角色又重新登场一样，在清末或稍前的时期，'份'字在通用汉字系统中重新出现了。[①]不过它不是表'文质备'义的'份'字的死灰复燃，而是作为'分'的加旁字存在，读fèn，表示'分'字的若干引申义项。"也就是说"分"与"份"是古今字，而"份"（fèn）与"份"（bīn）为同形词。由于"份"字产生较晚，"份"的职能分化并不彻底，出现"份"与"分"混用的情况。除此之外，由异形语素字"份""分"构成的异形词另有"位分—位份、名分—名份、天分—天份、缘分—缘份、水分—水份、股分—股份、福分—福份、部分—部份、省份—省分、年份—年分、月份—月分"等。

[①] 李恩江．"份"字琐议[J]．语文建设，1998（12）：30-32．

7.账/帐：混账—混帐、账簿—帐簿、账目—帐目

（1a）要是不打醮请他，他便要把火烧人家，像这样混账王八蛋的火神，还应该敬重他吗？[安徽俗话报1904（7）3]

（1b）连忙拉着福池，飞也似的往外就跑，口内咕咕哝哝的骂着道："混帐的日本人，奸刁的日本人，咱总算上了你一次的恶当罢了。"[申报1907.10.20-18]

（2a）管理遗产的官员查明他所剩的银票，还有几本账簿，实在是个有钱财的人，共计值银五万元。[京话日报1906.03.22-5]

（2b）后来该会同人，喊禀州牧，州牧才亲至该店勘验属实，检查土药帐簿，并无藏土。[安徽白话报1909（5）13]

（3a）闻说端抚台，必定要张制台，把各局收支账目给清，缠肯接印，所以近日经手委员，赶办交代，忙的了不得。[杭州白话报1902第二卷（1）1]

（3b）伙计应该怎样调换，帐目应该怎样归结，打起精神，放出胆量，很很的整顿一番，这才不愧管帐之职。[中国白话报1904（5）4]

按：清末民初，以异形语素"账—帐"为共同语素可以构成一系列异形词，表示债务。"帐"的本义为床帐、帷帐。《说文·巾部》："帐，张也。"段注："以叠韵为训。"《释名·释床帐》："帐，张也，张施于床上也。小帐曰斗帐，形如覆斗也。"后来引申为帐幕、营帐、帐篷等义，至迟到了唐代，"帐"又引申指账簿、账目。这大概是因为帐幕是记载账簿的主要场所相关。如清·翟灏《通俗编·货财》："帷幄曰帐，而计簿亦曰帐者，运筹必在帷幄中也。"也可能"帐"的义符"巾"本来就有钱财义，如货币的"币"，也是以"巾"为义符，与古代以物易物文化背景相关。古代只有"帐"字，而"账"字晚出，刘志基、鹏宇指出："五代末薛居正撰写《五代史》时用到'账'字，但后来仍大多用'帐'。清代人毕沅在编《经典文字辨证书》的时候以'帐'为正体，'账'为俗体。"[1]可见"账"为"帐"的后起字，随着文化习惯的改变，"贝"旁更符合以形表义的要求，所以成为与钱财相关的账目、账簿的专用字，由于职能分化不彻底，因此出现混用现象。

8.稀/希：稀奇—希奇、稀罕—希罕、稀少—希少

（1a）刘晨阮肇入天台，人人都晓得件稀奇事，然而入天台的事情，游桃源的景致，都一概弗得知，不过是以讹传讹便了。[申报1916.02.16-12]

（1b）还有最希奇的，妇女坐了人力车，黑夜经过此地，竟至不知下落。

---

[1] 刘志基，鹏宇.字辨百题[M].上海：上海文化出版社，2018：209.

[京话日报 1905.02.17-1]

（2a）这是朝廷太轻贱士子了，但是从唐朝到今，都是这般，也不觉得稀罕。[杭州白话报 1901（4）3]

（2b）任你走遍世界万国，也抓不出这样一条辫儿，只是到我们中国来，看见惯了，所以不觉得什么希罕。[竞业旬报 1909（41）13]

（3a）我国交通的铁道，顶不方便，北方道路宽大，山岭稀少，马车还可以通行。[安徽俗话报 1904（7）19]

（3b）传说凤凰是最吉祥的鸟，古的时候，也不很多，大概因为希少，就算是吉祥了。[京话日报 1905.02.25-4]

按：清末民初，以异形语素"稀—希"为共同语素可以构成一系列异形词，表示少，罕见，"希"的本义为麻布织得不密，"希"，《说文》失收，《尔雅·释诂下》："稀，罕也。"所释为引申义。"稀"的本义为禾苗稀疏，《说文·禾部》："稀，疏也。"引申泛指稀疏、稀少，又引申为希望。后来，"稀"专用于表示稀疏、稀少义，而希望义则借"希"字表示，由于"希"与"稀"词义相通，故出现混用现象。

第二节　双向异形词

双向异形词是指异形语素 a 可以用作异形语素 b，异形语素 b 也可以用作异形语素 a，其词义关系是双向的。清末民初也有很多双向异形词，如：

1.辩/辨：辩论—辨论、辩驳—辨驳、争辩—争辨

辨/辩：辨认—辩认、分辨—分辩

（1a）被这疯汉见了，知道是来救我的，必定忿恨，我妻却没有知道他发了疯，必定要和他辩论，那不是双双的领他毒弹么？[申报 1915.03.22-14]

（1b）也不须合他辨论，只我梦中的玉佛，乃是真而又真，将来这孩子一定是大有造化的。[绣像小说 1905（53）3]

（2a）玉太郎听他说的话，又是可笑，又是可怜，也不和他辩驳，祇淡淡的说了声："我晓得了。"[绣像小说 1904（31）4]

（2b）这几句话，臊得郐孟华面红过耳，已经悟透他是沈总教的夫人了，那敢合他辨驳，搭赸着起身告辞而去。[绣像小说 1905（50）2]

（3a）受美国人的欺侮，冤惨弥天，没处告诉，没处安生，没有人去可怜他，没有人替他争辩，没有人替他出头。[杭州白话报 1901（20）1]

（3b）玉太郎怕惹起他的牢骚，不肯和他争辨，便道："既是龙先生不怕孤寂，明日再会罢。"［绣像小说 1904（37）4］

（4a）众人不提防，一见来了两个外国人，一个虽然改了华装，也还辨认得出，不觉吓了一跳，虽是满堂的人，却没有一个敢上来拦阻他二人的。［绣像小说 1903（9）45］

（4b）原来他的下疳散便是清宁丸改造的，碾做了末子，所以人家辩认不出，他进十块钱货，一经改造要卖到四百块钱的码洋呢，你想可不利害。［小说画报 1917（1）97］

（5a）尔时喉声角声弦声铃声，俱分辨不出。耳中但听得风声水声，人马蹴踏声，旌旗熠耀声，干戈击轧声，金鼓薄伐声。［绣像小说 1903（15）4］

（5b）祇听他哭声之中，还带着似唱非唱、似骂非骂的说话在里头，却又拖拖带带、不清不楚，分辩不出他是甚么话来，祇觉得他音调悲凉，听了好不难过，自己也不觉有两阵心酸刺刺的。［小说画报 1919（20）150］

按：清末民初，"辩"的争辩义可以写作"辨"，"辨"的分辨义可以写作"辩"。其词义关系是双向的，"辡"的本义为剖分，引申为争辩，善辩解。《说文·辡部》："辡，罪人相与讼也。"所释为引申义。后来"辡"专用作偏旁，其义分别由"辨"与"辩"表示，"辨"表示剖分、区别、分别，而"辩"表示争辩、辩论。在"争辩"义上，本应作"辩"，却可以写作"辨"，这属于同音借用。在"分辨识别"义上，本应作"辨"，却可以写作"辩"，也属于同音借用。

2. 彩 / 采：喝彩—喝采、光彩—光采、精彩—精采

采 / 彩：神采—神彩、无精打采—无精打彩

（1a）江镜波见了，心上暗暗的喝彩，暗想这个地方，原有这般的人物，看他眉目之间，虽然妩媚非常，却没有一些儿轻贱的骨相。［申报 1909.11.24-27］

（1b）谁不愿意作好人，作了好人，注销去扬名喝采，够多们体面，作了坏人，怕叫报馆里人知道，自然作恶的就少了。［京话日报 1905.08.22-1］

（2a）自从日本大胜，亚洲人增了光彩，中国人虽受实在祸，民气可是有点动了，趁着大梦还没有醒透，迎面给个擂头风，准可以把要动没动的民气扑回。［京话日报 1905.12.20-2］

（2b）须要晓得自己便是家庭里的宰相，一家的兴败，都在自己手里，家事能发达，面上有光采，家事不发达，心上没交兑。［安徽白话报 1908（2）1］

（3a）愈看愈有滋味，加之配入新布景，更觉精彩，爱观新剧幸早临焉。

[申报1915.05.21-12]

（3b）不觉把从前写的字，做的诗，通统拿出来看了一遍，觉得处处丰姿韶秀，精采逼人。[绣像小说1905（56）7]

（4a）陆将军看见他神采奕奕，壮烈动人，便下城点了一队兵士，交把贞德道："这些兵士，全交在女将军身上了。"[杭州白话报1902第二卷（7）2]

（4b）弗伦抬起头来，细细的打量那林金花时，只见他曲曲湾湾的两道蛾眉，水汪汪的一双星眼，身材袅娜，骨格轻盈，顾盼之间，神采四彻。[申报1907.11.06-18]

（5a）讲到这里，又有人来问，可得闻与四个字，怎见得是宣王无精打采？[京话日报1905.11.06-6]

（5b）一连耽搁了好几天，如同石沉大海一般，一家人无精打采，彼此的瞎埋怨。[京话日报1905.12.30-1]

按：清末民初，"彩"的光彩、光芒义可以写作"采"，"采"的精神义可以写作"彩"，其词义关系是双向的。"采"的甲骨文字形为"⚘"，上面的"🐾"表示手，下面从木上有果形，其本义为采摘、摘取，古代染色多取自植物，故又引申指颜色，由于颜色富有光泽，故又引申为神色、精神，为了分化字义，后来"采"专用于表示神色、精神，颜色之义则另加"彡"作"彩"。"彩"的本义为彩色，后又引申为光彩、光芒义。由于"采""彩"职能分化不彻底，因此出现了一些混用现象。

3. 板/版：黑板—黑版、板屋—版屋

版/板：出版—出板、版权—板权、刻版—刻板

（1a）下面挨挨挤挤的，坐了无数的人。那黑板上面，写着几个大大的粉字道："杭先生西去，学界黯然，今特邀集同志，开会挽留。"[申报1908.09.12—20]

（1b）这人骨气倒很傲的，……却气愤不过，把粉笔在课堂黑版上，写了八个大字道："天下无不是的学生。"[绣像小说1906（68）1]

（2a）巡警将他送入病院，过了二日，病势略好，还不知身在何地，定神细看，才知道一顶小的板屋里面。[安徽俗话报1904（13）27]

（2b）黑人引贞至城隅一版屋中，谓贞曰："主将命我善侍姑娘，我当奉令而行。"乃促贞入室，将强与合。[安徽白话报1909（4）49]

（3a）所以本社在警厅递了呈子，要求继续出版，不料竟蒙批准，可见戒严令取缔报纸，并不是专对报馆为难。[京话日报1913.11.01-1]

（3b）喂，诸位诸位，兄弟是个安徽人，今日又是安徽白话报出板的第一

151

日，所以兄弟很想把我们安徽历史的形势的风俗，以及安徽的特色、安徽的弱点，详细演说一番。[安徽白话报 1908（1）1]

（4a）小店里都到上海道新衙门存过案，这部书的版权，一直就归我们，别家是不准翻印的。[绣像小说1904（17）86]

（4b）编著板权，本由商部办理，如今立了学部，板权关乎学务，可就得归学部办理。[京话日报 1905.12.15-3]

（5a）近人竟有谓此书为于奕正著者，未尝刻版，是未见流行之本，不知其原委也。[大公报 1915.12.05-7]

（5b）（廖）哈哈，麦君，你还只知其一，不知其二，律师讲的法律却与刻板文字的法律不同。[申报 1914.11.06-13]

按：清末民初，"板"的木板义可以写作"版"，"版"的印版、出版义可以写作"板"，其词义关系是双向的。"版"的本义为筑墙用的夹板，后来引申为木头分割成的薄片，《说文·片部》："版，判也。"段注："凡施于公室器用者皆曰版，今字作板。""板"是"版"的分化字，"丬""片"均为剖开之"木"，以"丬""片""木"为偏旁的字，常具有一定的语义联系。"版"分化出"板"后，"板"用于表示"木板"义及"其他片状物"义。早在唐代，"版"有"印刷书刊图画的底"义，有木版、铜版、铅版等。如唐·冯宿《禁版印时宪书奏》："准敕禁断印历日版。"该义的产生与印刷术息息相关。雕版印刷术产生于初唐，宋仁宗时毕昇又发明了活字印刷术，后来"版"又引申为"印版，书籍排印一次""报纸的一面"等义。由于职能分化不彻底，出现了"版"和"板"混用的情况。

4. 含/涵：包含—包涵

涵/含：包涵—包含、涵容—含容

（1a）兄弟想起一句话来了，叫做"积少成多"。看官，你不要看轻了这四个字，要晓得这四个字里，包含了许多意思。[竞业旬报 1908（27）1]

（1b）若是野蛮这两个字里头包涵着有毫未开化、无法无天、任意横行的意思，难道讲文明两个字就是君子的意思，算恰当了么？[大公报 1916.03.13-7]

（2a）故此我也作篇历史上的故事，至于说的对不对，我也不敢自信，还求阅者包涵。[京话日报 1916.01.30-1]

（2b）王之春怕走漏他的密事，拿了道胜银行的钞票一万元，送给上海某报馆，原要求他包含的意思，不料某报馆没有收受。[京话日报 1904.11.28-1]

（3a）我本是，愚蠢人，不通文理。还望那，文明士，原谅涵容。这篇歌，若能把，同胞唤醒，也不过，畧尽我，一点血诚。[京话日报 1905.08.29-1]

（3b）徐对曰："余父子二人，待客不薄，且遇事含容，何尚相责。"[绣像小说 1903（4）4]

按：清末民初，"含"的包括义可以写作"涵"，"涵"的宽容义可以写作"含"。其词义关系是双向的。"含"的本义为含在嘴里。《说文·口部》："含，嗛也。"后引申为包含在里面，又引申为宽容。如《三国志·魏志·华佗传》："荀彧请曰：'佗术实工，人命所县，宜含宥之。'""涵"的本义为水泽众多，《说文·水部》："涵，水泽多也。"引申指沉浸、浸润，又引申指"包容"义，如宋·王谠《唐语林·雅量》："吾不意为娄公所涵，而娄公未尝有矜色。""含""涵"意义相同，均有含有、宽容义，后来二者词义有了分工。

结　语

　　清末民初异形词数量十分丰富，我们以清末民初百种白话报刊为语料，共统计出异形词 401 组。其中双音节异形词数量最多，共计 327 组，占清末民初异形词总数的 82%，比较而言，清末民初单音节和多音节异形词的数量较少，单音节异形词 30 组，多音节异形词 44 组，分别占异形词总数的 7% 和 11%。在双音节异形词中，又以复合式异形词为最多，共计 254 组，占异形词总数的 63%。复合式异形词又以并列式与偏正式异形词比重最大，并列式异形词 123 组，偏正式异形词 91 组，二者占异形词总数的 54%。

　　通过对清末民初异形词汇释，我们发现：异形语素可能是记音成分，也可能是表意成分。在联绵异形词、音译异形词、叹词异形词以及 ABB 式异形词的 BB 成分中，异形语素职能主要用于记音，选取什么字形与整体词义关联不大，因此词形较为杂乱、多样。在复合式异形词中，异形语素的职能是表音兼表意，异形语素出现的位置不定：并列式异形词中，异形成分可以在前，也可以在后；偏正式异形词中，异形成分可以是前面的修饰成分，也可以是后面的中心语成分；动宾式异形词中，异形成分可以是前面的动词性成分，也可以是后面的名词性成分；主谓式异形词中，异形成分可以是前面的名词性成分，也可以是后面的谓语性成分；中补式异形词中，异形成分可以是前面的中心语成分，也可以是后面的补充成分。

　　清末民初异形词还表现出一定的系列性，通过系列异形词我们可以观察出异形语素间的语义关系，异形语素的语义关系表现出一定的不对称性，有的是单向的，我们称之为单向异形词，有的是双向的，我们称之为双向异形词。

　　限于个人研究水平的限制，本书在研究上还存有一些不足之处，比如所见语料不足，一些清末民初异形词尚未收录在列，这些随着新的白话报刊语料的开发，我们会继续补充。还有一些异形词的汇释有待商榷，随着研究的深入，希望能逐渐解决这些问题，也希望本书的研究能为现代汉语异形词整理与规范提供一些新的视角和思路。

参考文献

一、专著类

[1] 北京师范学院中文系汉语教研组. 五四以来汉语书面语言的变迁和发展 [M]. 北京：商务印书馆，1959.

[2] 曹先擢. 通假字例释 [M]. 郑州：河南人民出版社，1985.

[3] 曹志彪，何伟渔. 词辨百话 [M]. 上海：上海文化出版社，2018.

[4] 陈翠珠. 多维人文学术研究丛书——汉语人称代词流变 [M]. 北京：中国书籍出版社，2020.

[5] 丁喜霞. 中古常用并列双音词的成词和演变研究 [M]. 北京：语文出版社，2006.

[6] 冯春田.《聊斋俚曲》语法研究 [M]. 开封：河南大学出版社，2003.

[7] 冯春田. 近代汉语语法研究 [M]. 济南：山东教育出版社，2000.

[8] 洪成玉. 古今字 [M]. 北京：语文出版社，1995.

[9] 胡全章. 清末民初白话报刊研究 [M]. 北京：中国社会科学出版社，2011.

[10] 华南师范学院中文系《现代汉语虚词》编写组. 现代汉语虚词 [M]. 广州：广东人民出版社，1981.

[11] 蒋冀骋. 近代汉语词汇研究 [M]（增订本）. 北京：商务印书馆，2019.

[12] 蒋宗许. 汉语词缀研究 [M]. 成都：巴蜀书社，2009.

[13] 李娜. 民国时期新词语研究 [M]. 济南：山东大学出版社，2014.

[14] 李行健，余志鸿. 现代汉语异形词研究 [M]. 上海：上海辞书出版社，2005.

[15] 李行健，余志鸿. 异形词辨误100例 [M]. 广州：广东人民出版社，2009.

[16] 刘志基，鹏宇. 字辨百题 [M]. 上海：上海文化出版社，2018.

[17] 吕叔湘. 近代汉语指代词 [M]. 上海：学林出版社，1985.

[18] [意] 马西尼著，黄河清译. 现代汉语词汇的形成——十九世纪汉语外来词研究 [M]. 上海：汉语大词典出版社，1997.

[19] 缪启愉. 齐民要术校释 [M]. 北京：中国农业出版社，1998.

[20] 裘锡圭. 文字学概要 [M]. 北京：商务印书馆，1988.

[21] 曲彦斌主编. 语言民俗学概要 [M]. 郑州：大象出版社，2015.

[22] 史有为. 新华外来词词典 [M]. 北京：商务印书馆，2019.

[23] 太田辰夫著，江蓝生，白维国译. 汉语史通考 [M]. 重庆：重庆出版社，1991.

[24] 苏建洲. 新训诂学 [M]. 上海：上海古籍出版社，2020.

[25] 王力. 中国现代语法 [M]. 北京：中华书局，2014.

[26] 王绍新. 隋唐五代量词研究 [M]. 北京：商务印书馆，2018.

[27] [日] 香坂顺一. 白话语汇研究 [M]. 北京：中华书局，1997.

[28] [日] 香坂顺一著，[日] 植田均译. 水浒传词汇研究 [M]. 北京：文津出版社，1992.

[29] 徐时仪. 汉语白话发展史（第二版）[M]. 北京：北京大学出版社，2015.

[30] 杨春. 现代汉语中的异形词 [M]. 北京：华夏出版社，2004.

[31] 杨琳. 汉语俗语词词源研究 [M]. 北京：商务印书馆，2020.

[32] 叶峻荣. 现代汉语复合式异形词及其历史研究 [M]. 北京：北京语言大学出版社，2012.

[33] 异形词研究课题组. 第一批异形词整理表说明 [M]. 北京：语文出版社，2002.

[34] 余克强. 异形词的传播修辞学研究 [M]. 北京：现代教育出版社，2007.

[35] 原异形词研究课题组. 异形词规范讨论集 [C]. 北京：华语教学出版社，2015.

[36] 曾良. 明清小说俗字研究 [M]. 北京：商务印书馆，2017.

[37] 霍四通著. 中国现代修辞学的建立——以陈望道《修辞学发凡》考释为中心 [M]. 上海：上海人民出版社，2012.

[38] 张涌泉. 汉语俗字研究 [M]. 北京：商务印书馆，2010.

[39] 张烨. 清末民初词汇研究 [M]. 北京：中国社会科学出版社，2019.

[40] 周荐. 汉语词汇结构论 [M]. 上海：上海辞书出版社，2004.

[41] 朱炳昌. 异形词汇编 [M]. 北京：语文出版社，1987.

二、工具书类

[1] 曹先擢、苏培成. 汉字形义分析字典 [Z]. 北京：北京大学出版社，1999.

[2] 汉语大词典编纂处编. 汉语大词典订补 [Z]. 上海：上海辞书出版社，2010.

[3] 汉语大字典编纂委员会. 汉语大字典 [Z]. 成都：四川辞书出版社，2010.

[4] 贺国伟. 同义词词典 [Z]. 上海：上海辞书出版社，2018.

[5] 谷衍奎. 汉字源流字典 [Z]. 北京：语文出版社，2008.

[6] 李学勤. 字源 [Z]. 天津：天津古籍出版社，2013.

[7] 李行健主编. 现代汉语规范词典 (第2版)[Z]. 上海：上海辞书出版社，2011.

[8] 罗竹风主编.汉语大词典[Z].上海：汉语大词典出版社，1993.

[9] 容庚.金文编[Z].北京：中华书局，1985.

[10] 史有为.新华外来词词典[Z].北京：商务印书馆，2019.

[11] 苏新春.字词辨析词典·异形词[Z].上海：上海辞书出版社，2002.

[12] 汪柏田.解析辨考成语教学词典[Z].北京：中国国际广播出版社，1990.

[13] 王艾录.汉语理据词典[Z].北京：华龄出版社，2006.

[14] 王力.同源字典[Z].北京：商务印书馆，1982.

[15] 王朋，钟鸣.通用成语词典[Z].长沙：湖南出版社，2000.

[16] 香港中国语文学会.现代汉语新词词源词典[Z].上海：汉语大词典出版社，2001.

[17] 许宝华，宫田一郎.汉语方言大词典[Z].北京：中华书局，1999.

[18] 许少峰.近代汉语大词典（全二册）[Z].北京：中华书局，2008.

[19] 中国社会科学院语言研究所词典编辑室编.现代汉语词典（第7版）[Z].北京：商务印书馆，2016.

三、期刊类

[1] 卜师霞，凌丽君.汉语词汇系统发展中的语素类化[J].民俗典籍文字研究，2014（2）.

[2] 蔡镜浩.释"狼藉"[J].语言研究，1985（1）.

[3] 曹炜.异形词的界定及其与同义词的区别[J].汉语学习，2004（1）.

[4] 陈明富，张鹏丽."漫"作禁戒否定副词考——兼论"曼""谩""慢"等[J].西南交通大学学报（社会科学版）.2012（1）.

[5] 陈卫恒.从文献资料看詈语"王八"的形成过程——兼与杨琳先生商榷[J].中国文化研究，2010（4）.

[6] 刁晏斌.当代汉语词汇中的"返祖"现象[J].南京师范大学文学院学报,2006(2).

[7] 刁晏斌.试论清末民初语言的研究[J].励耘学刊（语言卷），2008（2）.

[8] 董志翘，赵家栋.中古汉语词义探索（二则）[J].江苏大学学报，2011（3）.

[9] 冯陵宇."摔交""摔跤"的形义流变及规范[J].时代文学，2012（6）.

[10] 付开平，匡鹏飞.论"搁不住"的词汇化与语法化[J].语言研究.2021（4）.

[11] 高更生.谈异体词整理[J].中国语文，1966（1）.

[12] 高更生.再谈异体词整理[J].语文建设，1993（6）.

[13] 华树君.晚清时期复合异形词初探[J].文化创新比较研究，2018（35）.

[14] 黄今许."偶尔""偶而""偶耳"小议[J].龙岩师专学报（社会科学版），

1989（1）.

[15] 江蓝生．说"勾、够、彀"——《华音撮要》连—介词"勾"考源[J]．汉语史学报，2017（1）.

[16] 江蓝生．说"么"与"们"同源[J]．中国语文，1995（3）.

[17] 江蓝生．助词"似的"的语法意义及其来源[J]．中国语文，1992（6）.

[18] 蒋荫楠．谈现代汉语书面形式的规范问题[J]．南京大学学报（社会科学版），1978（3）.

[19] 黎良军．论词义在异体词整理中的核心地位——兼谈《现汉》异体词的规范思想[J]．辞书研究，2001（4）.

[20] 李国英．异体字的定义与类型[J]．北京师范大学学报（社会科学版），2007（3）.

[21] 李康澄．"崽""子"同源论[J]．语文研究，2019（1）.

[22] 林根．"廿"与"二十"[J]．新疆大学学报（哲学社会科学版），1991（1）.

[23] 林志强，林婧筠．"知""智"关系补说[J]．汉字汉语研究，2019（4）.

[24] 刘敬林．"楞""愣"关系及"楞"在现代汉语中的地位[J]．汉字汉语研究，2020（3）.

[25] 刘铭恕．现代汉语中的一个蒙古语——把式[J]．郑州大学学报（哲学社会科学版），1983（4）.

[26] 潘牧天．"钞"和"抄"词义演变考[J]．杭州师范大学学报（社会科学版），2014（3）.

[27] 汤传扬．近代汉语程度副词"很"的兴起与"甚"的衰落[J]．南京师范大学文学院学报，2019（3）.

[28] 汪俐．"工夫"与"功夫"辨析[J]．原道，2019（1）.

[29] 汪祎．也谈叫花[A]．中国训诂学研究会2010年学术年会论文摘要集[C]．福建：福建省语言学会，2010.11.1.

[30] 王东海，王丽英．历时与共时层面的"猴急""喉急"和"喉极"辨析[J]．辞书研究，2008（6）.

[31] 王晓燕．量词"只"的形成及其历史演变[J]．汉字汉语研究，2021（1）.

[32] 王兴才．"难道"的成词及其语法化[J]．长江师范学院学报，2011（2）.

[33] 王玉梅．论ABB式形容词的语法功能和构成[J]．淮阴师范学院学报，2002（5）.

[34] 王正，王雁．"作/做"及其构词的使用混乱现象调查[J]．大庆高专学报，2000（3）.

[35] 吴庆锋．"麻胡"讨源[J]．山东师范大学学报，1983（3）.

[36] 席嘉．"叫化"考源[J]．重庆大学学报（社会科学版），2005（6）.

[37] 徐复岭．一个兼类后缀——"巴"[J].济宁师专学报，1986（2）．

[38] 徐时仪．"马虎"探源[J].中国语文，2005（3）．

[39] 徐时仪．"忙"和"怕"词义演变探微[J].中国语文，2004（2）．

[40] 徐澍田．"推脱"和"推托"[J].语文月刊，1998（8）．

[41] 杨琳．"棒"与"老板"考源[J].南开语言学刊，2012（2）．

[42] 杨琳．倒霉·倒灶·刷子考源——兼释甲骨文"每"字[A].朱庆之编．张永言先生从教六十五周年纪念文集——汉语历史语言学的传承与发展[C].上海：复旦大学出版社，2016.

[43] 杨琳．"劳戏·劳什子·桦来唇·没兴"考释[J].汉语史研究集刊，2020（2）．

[44] 杨琳．俗语词本字考释二则[J].南开语言学刊，2017（1）．

[45] 曾妮．"简直"在近代汉语文献中的分布及语义演变[J].内江师范学院学报，2018（3）．

[46] 张洪魁．关于"么""们"的读音[J].东岳论丛，1997（2）．

[47] 张焕新．"叫"的兴起与"教"的衰落[J].通化师范学院学报，2004（1）．

[48] 张惠英．说"呆、獃、騃、懛"[J].语文研究，1985（4）．

[49] 张鹏丽．唐宋禅宗语录疑问语气词"么（摩）"考察[J].汉字文化，2012（1）．

[50] 张文雷．"陪着不是"与"赔着不是"异体词小议论[J].中学语文教学，1979（4）．

[51] 张小艳．"伎俩"探源[J].历史语言学研究，2018（1）．

[52] 赵晓庆，麻永玲："脚色"与"角色"[J].辞书研究，2017（1）．

[53] 张育泉："才"与"材"系列异形词[J].语文建设，2000（2）．

[54] 张育泉："采"与"彩"的系列异形词[J].语文建设，2000（11）．

[55] 邹玉华："象""像"规范的历史嬗变与相关系列异形词的规范[J].汉字文化，2002（4）．

附录　清末民初白话报刊异形词索引

A

啊哟—阿哟　29
哎哟—唉哟—嗳哟　29
按捺—按纳　54
暗无天日—黯无天日—闇无天日　138
按语—案语　70
安排—按排　35
澳大利亚—奥大利亚　134

B

吧—罢　11
白白—拜拜　110
白花花—白化化　130
百衲衣—百纳衣　127
斑白—班白　67
斑驳陆离—斑剥陆离　135
版权—板权　151
班师—颁师　96
板屋—版屋　151
保镖—保镳　104
报仇—报雠　105
包含—包涵　152
包涵—包含　152
保姆—保母　84

暴躁—暴燥　143
抱怨—报怨　35
悖晦—背晦　64
悖理—背理　97
本源—本原　91
本事—本势　33
臂弯—臂湾　144
辩驳—辨驳　149
匾额—扁额　81
辩论—辨论　149
辨认—辩认　149
便士—辨士　26
表彰—表章　61
标志—标识　86
禀承—秉承　58
禀复—禀覆　144
脖颈子—脖梗子　132
拨弄—播弄—簸弄　43
柏林—伯林　26
不计其数—不记其数　138
捕鱼—捕渔　103
不只—不止　95
不止—不只　95

C

惨淡经营—惨澹经营　137

163

参与—参预 57
仓皇—仓惶—苍皇—苍黄 18
差池—差迟 16
掺杂—搀杂 49
常常—长长 110
畅谈—鬯谈 92
抄送—钞送 60
抄袭—剿袭 49
彻底—澈底 98
撤掉—彻掉 105
车厢—车箱 85
车站—车栈 28
恻隐—侧隐 35
沉沉—沈沈 145
沉没—沈没 145
沉思—沈思 145
城隍庙—城皇庙 126
称心—趁心 98
惩一儆百—惩一警百 134
说到—说道 106
筹码—筹马 84
出版—出板 151
除掉—除吊 106
畜生—畜牲 33
创痍—疮痍 33
刺激—刺戟 52
瓷器—磁器 73
词藻—辞藻 73
粗鲁—粗卤 69

D

答复—答覆 144
耷拉—搭拉 17

搭讪—答讪—搭赸 25
呆气—獃气—騃气 79
淡泊—澹泊 63
担忧—耽忧—躭忧 97
担待—耽待—躭待—躭代 38
耽搁—躭搁—担搁—耽阁—躭阁—担阁 39
到底—倒底 98
倒霉—倒痗—倒楣—倒煤 68
地—的 8
得—的 9
灯芯—灯心 88
抵触—牴触 47
提防—隄防—堤防 37
低回—低徊 24
抵挡—敌挡 41
第—弟 9
颠簸—颠播 53
雕刻—彫刻 58
凋零—雕零 59
掉—吊 1
调转—掉转 42
鼎盛—顶盛 93
钉子—丁子 115
逗留—逗遛 17
度量—肚量 73
段—断 13
吨—墩 12

E

噩梦—恶梦 73
耳朵—耳躲 106
二黄—二簧 84

二心—贰心 80

F

发奋—发愤 119
发愣—发楞 103
发现—发见 56
反倒—反到 67
反复—反覆 144
返老还童—反老还童 135
反叛—反畔 59
繁衍—蕃衍 59
翻译—翻绎 56
繁杂—烦杂 65
烦躁—烦燥 143
防备—妨备 36
诽谤—蜚谤 47
非分—非份 147
绯红—飞红 93
分辨—分辩 149
纷至沓来—纷至遝来 135
分量—分两 34
愤怒—忿怒 41
疯癫—疯颠 67
凤凰—凤皇 22
俸禄—奉禄 31
附耳—坿耳 99
伏伏帖帖—伏伏贴贴—服服帖帖—服服贴贴 141
敷衍—敷演 51
负隅—负嵎 103
抚掌—拊掌 99
伏羲—庖羲—伏牺—庖牺 21

G

告诫—诰诫 48
搁不住—阁不住—格不住 128
疙瘩—疙疸—肐 22
给予—给与 55
耿直—鲠直—梗直 122
哽咽—梗咽 25
工夫—功夫 71
功课—工课 71
勾引—钩引 60
古董—骨董 64
辜负—孤负 58
蛊惑—鼓惑 54
骨碌—谷碌 19
光彩—光采 150
鬼画符—鬼化符 131
诡计—鬼计 79

H

蛤蟆—虾蟆 120
涵容—含容 152
含糊—含胡 16
耗费—浩费 121
好高骛远—好高务远 135
浩渺—浩淼 63
嚎啕—号咷—号淘 18
喝彩—喝采 150
呵斥—呵叱 50
何妨—何防 96
阖家—合家 77
合适—合式 121
和—合 10

165

荷兰—和兰　26
黑板—黑版　151
很—狠　7
狠—很　4
轰动—哄动　93
鸿福—洪福　78
轰轰烈烈—烘烘烈烈　140
洪亮—宏亮　94
猴急—喉急　108
葫芦—胡卢　20
花销—花消　50
花费—化费　34
晦气—悔气　77
彗星—慧星　82
辉煌—辉皇　16
混蛋—浑蛋　72
混合—混和—浑合　107
浑名—混名　75
浑身—混身　78
混账—混帐　148
混沌—浑沌　19
伙伴—火伴　75
伙计—伙纪　85

J

跤—交　5
挤对—挤堆　51
计划—计画　61
激励—激厉　61
机灵—机伶　69
急忙—即忙—疾忙　65
纪念—记念　46
纪事—记事　97

记载—纪载　62
积攒—积趱　57
伎俩—技俩　24
家伙—傢伙　75
假装—假妆　45
驾驭—驾御　38
检阅—捡阅　36
简直—剪直—检直　62
拣—捡　2
捡—拣　2
交代—交待　53
叫花子—叫化子　133
角色—脚色　74
焦躁—焦燥　143
脚趾头—脚指头　133
狡猾—狡滑　22
叫—教　10
界限—界线　86
精彩—精采　150
精华—菁华　79
鸠合—纠合　50
酒窝—酒涡　76
局促—侷促　19

K

刻版—刻板　151
克期—刻期　81
瞌睡—磕睡—渴睡　100
克扣—刻扣　43
阔佬—阔老　122

L

腊梅—蜡梅　74

狼藉—狼籍 21
老闆—老板—老版 89
姥姥—老老 110
劳什子—捞什子—牢什子 131
唠叨—劳叨 19
累赘—累坠 51
黧黑—黎黑 77
厉害—利害 32
联合—连合 45
撂—撩 3
硫磺—硫黄 25
流连—留连 16
啰苏—噜苏 17
乱哄哄—乱閧閧—乱轰轰—乱烘烘 129

M

麻烦—麻翻 108
码头—马头 116
马马虎虎—马马糊糊—麻麻胡胡 141
漫说—慢说 101
慢—漫 4
茅厕—毛厕 77
贸然—冒然 117
吗—么 11
美利坚—米利坚 125
梅雨—霉雨 70
门槛—门坎 86
秘笈—秘籍 87
密斯特—密司特—密思特 126
勉强—免强 36
名字—名子 120

摩擦—磨擦 46
摩托—磨托 27
摹绘—模绘 40
莫名其妙—莫明其妙 138

N

哪儿—那儿 116
难道—难到 94
能够—能彀 96
年轻—年青 109
黏液—粘液 80
廿—念 12
女红—女工 91

O

偶尔—偶而 113

P

盘踞—蟠踞—盘据 40
旁边—傍边 82
赔罪—陪罪 101
佩戴—佩带 44
膨胀—膨涨 57
脾气—皮气 83
啤酒—皮酒 27
凭空—平空 120

Q

起程—启程 100
器具—器俱 85
气汹汹—气凶凶 131
窃窃私语—切切私语 137
顷刻间—倾刻间 127

清澈—清彻　69
屈服—屈伏　42
痊愈—全愈　48

R

人才—人材　92
日食—日蚀　109

S

煞风景—杀风景　127
沙子—砂子　115
煞—杀　8
鲨鱼—沙鱼　28
舢板—舢舨　90
神采—神彩　150
身分—身份　147
神州—神洲　90
侍奉—事奉　47
师父—师傅　107
什么—甚么　118
梳妆—梳装　102
竖立—树立　38
栓—闩　5
说到—说道　106
似的—是的　119
悚然—竦然　117
夙愿—宿愿　72

T

他—它　6
它—他　6
她—他　6
谈笑—谭笑　44

趟—蹚　14
逃之夭夭—桃之夭夭　139
提—题　3
推托—推脱　55
推诿—推委　53

W

弯儿—湾儿　144
顽固—顽锢　69
弯曲—湾曲　144
玩耍—顽耍　146
玩笑—顽笑　146
玩意儿—顽意儿　146
弯—湾　5
王八蛋—王八旦　126
王八—忘八—亡八　23
萎靡—委靡　48
委屈—委曲　42
猥琐—委琐　20
我们—我门　113
无精打采—无精打彩　150
五劳七伤—五痨七伤　136
毋庸—无庸　94

X

稀罕—希罕　148
熄灭—息灭　60
稀奇—希奇　148
稀少—希少　148
细崽—细仔　88
显摆—显白　66
贤惠—贤慧　63
镶黄—厢黄　83

相片—像片　78
香槟—香宾　26
消耗—销耗　45
笑眯眯—笑迷迷　130
小气—小器　76
孝悌—孝弟　54
笑嘻嘻—笑嬉嬉　130
信口开河—信口开合　140
形象—形像　32
醒悟—省悟　43
雄赳赳—雄纠纠　130
宿娼—宿倡　105
羞答答—羞搭搭　129
旋涡—漩涡　122
雪茄—雪加　27

Y

哑巴—哑吧—哑叭　112
丫头—鸦头　116
鸦片—雅片　27
燕尔—宴尔　118
眼花缭乱—眼花撩乱　139
眼眶—眼匡　91
氧气—养气　72
洋洋—扬扬　111
一班—一斑　89
一斑—一班　89
一股脑儿——古脑儿——箍脑儿　137
衣襟—衣衿　88
以来—已来　111
以致—以至　115
银元—银圆　87

姻缘—因缘　30
盈余—赢余　40
佣人—用人　76
预备—豫备　59
渔利—鱼利　102
原原本本—元元本本　140
缘故—原故　31
月食—月蚀　109
约摸—约莫　45

Z

糟蹋—糟塌—糟踏　23
怎地—怎的　114
战栗—颤栗　57
崭新—斩新　93
账簿—帐簿　148
长久—常久　66
账目—帐目　148
这么—这们—这门　112
针黹—针指　70
争辩—争辨　149
争气—挣气　102
蒸汽—蒸气　84
知道—知到　121
职分—职份　147
直截了当—直捷了当　136
肢体—支体　81
支—枝　13
只—支　13
知识—智识　31
专门—专们　92
装潢—装璜　104
庄稼—庄家　114

169

仔细—子细 66
走投无路—走头无路 139
坐—座 3

做事—作事 99
座位—坐位 80
佐证—左证 82